Erforsche deine Welt

Der große Bildatlas für Kinder

cbj

cbj ist der Kinder- und Jugendbuchverlag
in der Verlagsgruppe Random House
www.cbj-verlag.de

Umwelthinweis:
Dieses Buch wurde auf chlorfrei gebleichtem Papier gedruckt.

Gesetzt nach den Regeln der Rechtschreibreform

1. Auflage 2005

Die Originalausgabe erscheint unter dem Titel
»The Kingfisher Children's Atlas«

Published by arrangement with Kingfisher Publications Plc., London

Geschrieben von Belinda Weber
Cheflektorat Großbritannien: Catherine Brereton
Art Director Großbritannien: Mike Davis
Kartografie: Anderson Geographics Ltd., Warfield/Großbritannien
Übersetzung: Johannes Berwanger
Umschlagdesign: Mike Davis
Umschlaggestaltung: Basic Book Design, Karl Müller-Bussdorf
at • Herstellung: IH
ISBN 3-570-12960-8
Printed in China

INHALT

Die Erde 4–5
Karten lesen 6–7
Länder der Erde 8–9

NORDAMERIKA 10–11
Kanada 12–13
USA – der Westen 14–15
USA – der Osten 16–17
Zentralamerika 18–19
Die Karibik 20–21

SÜDAMERIKA 22–23
Südamerika – der Norden 24–25
Südamerika – der Süden 26–27

EUROPA **28–29**
Nordwesteuropa 30–31
Die Britischen Inseln 32–33
Deutschland und die Benelux-Staaten 34–35
Frankreich 36–37
Spanien und Portugal 38–39
Die Alpenländer und Italien 40–41
Mittel- und Osteuropa 42–43
Südosteuropa 44–45

AFRIKA **46–47**
Nordafrika 48–49
Zentral- und Südafrika 50–51

ASIEN **52–53**
Russland 54–55
Westasien 56–57
Zentralasien 58–59
Südasien 60–61
Südostasien 62–63
Ostasien 64–65
Japan, Nord- und Südkorea 66–67

AUSTRALIEN UND OZEANIEN **68–69**
Australien 70–71
Neuseeland 72

Die Pole 73

Daten und Fakten 74–75
Register 76–79
Danksagung 80

DIE ERDE

Die Erde ist ein Planet, der sich um die Sonne dreht. Er ist von großen Landmassen bedeckt – den Kontinenten – und von riesigen Ozeanen.

Die Erde hat sieben Kontinente: Nordamerika, Südamerika, Europa, Afrika, Asien, Australien und die Antarktis. Auf allen finden sich unterschiedliche Landschaften: hoch gelegene, gebirgige Regionen und tiefe Ebenen. Wo wenig oder gar kein Regen fällt, gibt es Wüsten. Wo es Flüsse gibt, da finden sich eine Vielzahl unterschiedlicher Tiere und Pflanzen und tiefe Täler in der Landschaft. In Gegenden mit viel Regen wächst der fruchtbare, dichte Regenwald, die »grüne Lunge« des Planeten. Wir Menschen verändern die Landschaften. Wir schaffen Ackerland und bauen Dörfer, Städte und riesige Ballungszentren mit gewaltigen Hochhäusern, wo viele Menschen Arbeit finden.

Die Welt verändern

Die Menschen verändern die Landschaften auch, indem sie das Land in Staaten aufteilen. Häufig bilden dabei Gebirgszüge oder Flüsse eine natürliche Grenze. Menschen leben fast überall auf dem Planeten. Zur Zeit bewohnen etwa 6,343 Milliarden Menschen die Erde.

Gebirge
Gebirge können große Höhen erreichen, in denen es sehr kalt wird. In den Gipfelregionen leben nur wenige Tiere.

Wüsten
Wo wenig oder gar kein Regen fällt, entstehen Wüsten wie z. B. die Sahara. Sie erstreckt sich über weite Gebiete Nordafrikas.

Flüsse
Flüsse und große Ströme winden sich durch die Landschaften. Sie können tiefe Täler in den Fels graben.

Grün und feucht
Der tropische Regenwald wächst in heißen Gegenden mit viel Regen. Dort lebt eine riesige Vielfalt von Tieren und Pflanzen.

Globen und Karten

Um mehr über die Erde zu erfahren, kannst du einen Globus anschauen oder einen Atlas mit verschiedenen Landkarten benutzen. Ein Globus ist eine Kugel, auf der alle Kontinente und Ozeane zu sehen sind. Eine Landkarte ist ein flacher Plan von einem bestimmten Gebiet oder einem Land. Um den Plan eines Landes abbilden zu können, verändern die Kartenzeichner manchmal den Umriss eines Kontinents. Die Kartenmacher zeichnen Linien auf die Karte. Die Linien, die quer um die Erde laufen, heißen Breitengrade. Die Linien, die längs verlaufen, heißen Längengrade. Sie spannen sich wie ein Netz um den Globus und helfen uns, die Position eines Ortes auf dem Globus exakt zu bestimmen.

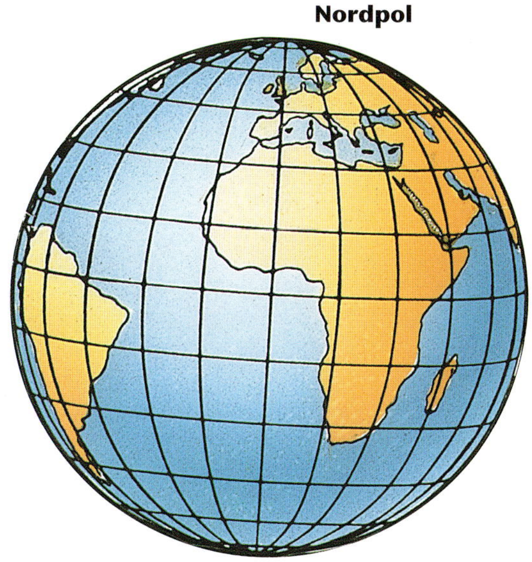

Von Pol zu Pol
Die Linien, die von oben nach unten verlaufen, heißen Längengrade. Sie kommen am Nordpol und am Südpol zusammen – dem nördlichsten und südlichsten Punkt der Erde.

Meridian von Greenwich
Der Längengrad, der genau in der Mitte liegt, ist der Meridian von Greenwich.

Der Äquator
Die Linien, die quer um die Erde verlaufen, heißen Breitengrade. Der Breitengrad, der genau in der Mitte verläuft, heißt Äquator.

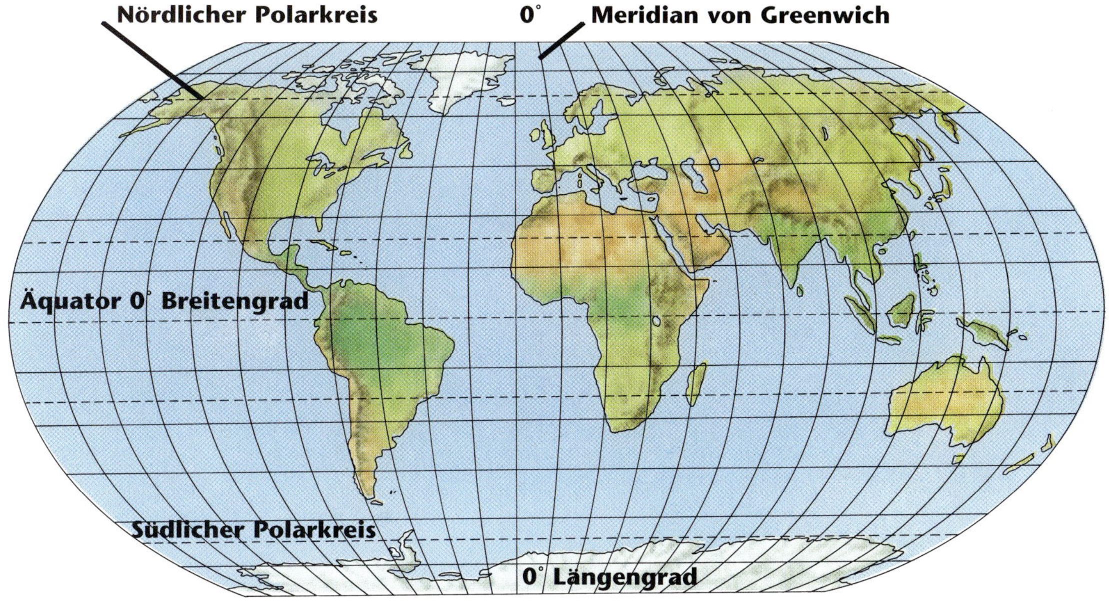

Asphalt-Dschungel
Die Menschen haben riesige Städte gebaut, wo Millionen leben und arbeiten. Die Landschaft wurde stark verändert.

Karten lesen

Ein Atlas ist ein Landkarten-Buch. Landkarten sind Bilder, die viele Informationen enthalten und etwas über Landschaften erzählen. Verschiedene Farben, Symbole und Linien kennzeichnen Berge und Täler, Seen und Ozeane, Flüsse und Bäche. In den meisten Landkarten werden unterschiedliche Farben benutzt, um zu zeigen, wie hoch sich eine Landschaft über den Meeresspiegel erhebt. In anderen Karten wieder werden verschiedene Farben benutzt, um bestimmte Informationen zu vermitteln: z. B. wo fruchtbare Gegenden sind oder Wüsten. Rote Linien zeigen, wo ein Staat aufhört und ein anderer anfängt. Diese Linien nennt man Grenzen. Quadrate zeigen Hauptstädte an. Hauptstadt ist die Stadt in einem Staat, in der die Regierung ihren Sitz hat. Alle anderen Städte sind mit roten Punkten markiert. Auf den Karten in diesem Atlas siehst du auch Bild-Symbole: Sie zeigen dir, wo z. B. in einem Land bestimmte Tiere leben, wo es Industrie gibt oder besonders interessante, berühmte Plätze.

In diesem Atlas wird eine Reihe von Zeichen und Symbolen benutzt, die bestimmte landschaftliche Besonderheiten markieren. Hier siehst du, was diese Zeichen bedeuten:

Orte

- CARACAS Hauptstadt
- Denver Hauptstadt eines Bundesstaats
- Manaus größere Stadt
- Maturín kleinere Stadt

Staatsgebiete

BRASILIEN Staat

Aruba (Niederlande) Gebiet unter Verwaltung

ARIZONA Bundesstaat, Provinz

Grenzen

- Internationale Grenze
- umstrittener Grenzverlauf
- Grenzen von Bundesstaaten oder Provinzen

Gewässer

- Fluss
- Fluss, zeitweilig Wasser führend
- Kanal
- Wasserfall
- See
- See, zeitweilig Wasser führend

Landschaftsmerkmale

△ *Cotopaxi 5897 m* Berghöhe

Marájo Insel/Inselgruppe

Amazonastiefland Landform

Ozeane/Meere

PAZIFIK Name eines Ozeans

Karibisches Meer Name eines Meers

Meer

Eis

- Packeisgrenze im Sommer
- Packeisgrenze im Winter

Landhöhen

4000 m
2000 m
1000 m
500 m
200 m
Meeresspiegel

Zusätzliche Informationen

Bei jeder Karte findest du zusätzliche Symbole, die dir noch mehr Informationen über die Länder geben, die auf der Karte dargestellt sind.

Flaggen
Jeder Staat der Erde hat eine Nationalflagge. Sie ist das Symbol der Unabhängigkeit und nationalen Identität eines Staates.

Globus
Dieses Symbol auf jeder Seite zeigt dir, wo auf dem Globus die Länder liegen, die auf der Karte dargestellt sind. Ihre Lage ist orangefarben markiert.

Maßstab
Alle Karten sind in einem bestimmten Maßstab gezeichnet. Er sagt dir, wie sich die Entfernungen auf der Karte zu denen in der Wirklichkeit verhalten. Der Maßstab hier unten z. B. zeigt an, dass 5,7 cm auf der Karte 1000 km in der Wirklichkeit entsprechen.

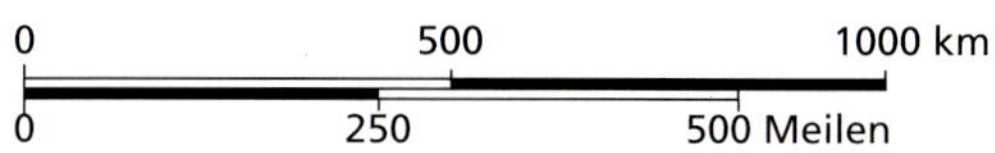

A B

Koordinaten
Der Rahmen, der um jede Karte gezeichnet ist, enthält Ziffern und Buchstaben. Wenn du z. B. eine Stadt suchst, siehst du im Stichwortverzeichnis nach. Dort stehen nach der Seitenzahl auch die Koordinaten, in deren Schnittpunkt du die gesuchte Stadt findest.

Bild-Symbole

Die Bilder zeigen dir interessante Einzelheiten eines jeden Landes. Hier siehst du nur einige Beispiele. Viele weitere findest du auf den zahlreichen Karten dieses Atlasses.

Rinder
Ein Beispiel für Nutztiere

Fischerei
Ein Beispiel für einen Industriezweig

Tukan
Ein Beispiel für Wildtiere

Kathedrale
Ein Beispiel für berühmte Gebäude

Bananen
Ein Beispiel für Nutzpflanzen

Länder der Erde

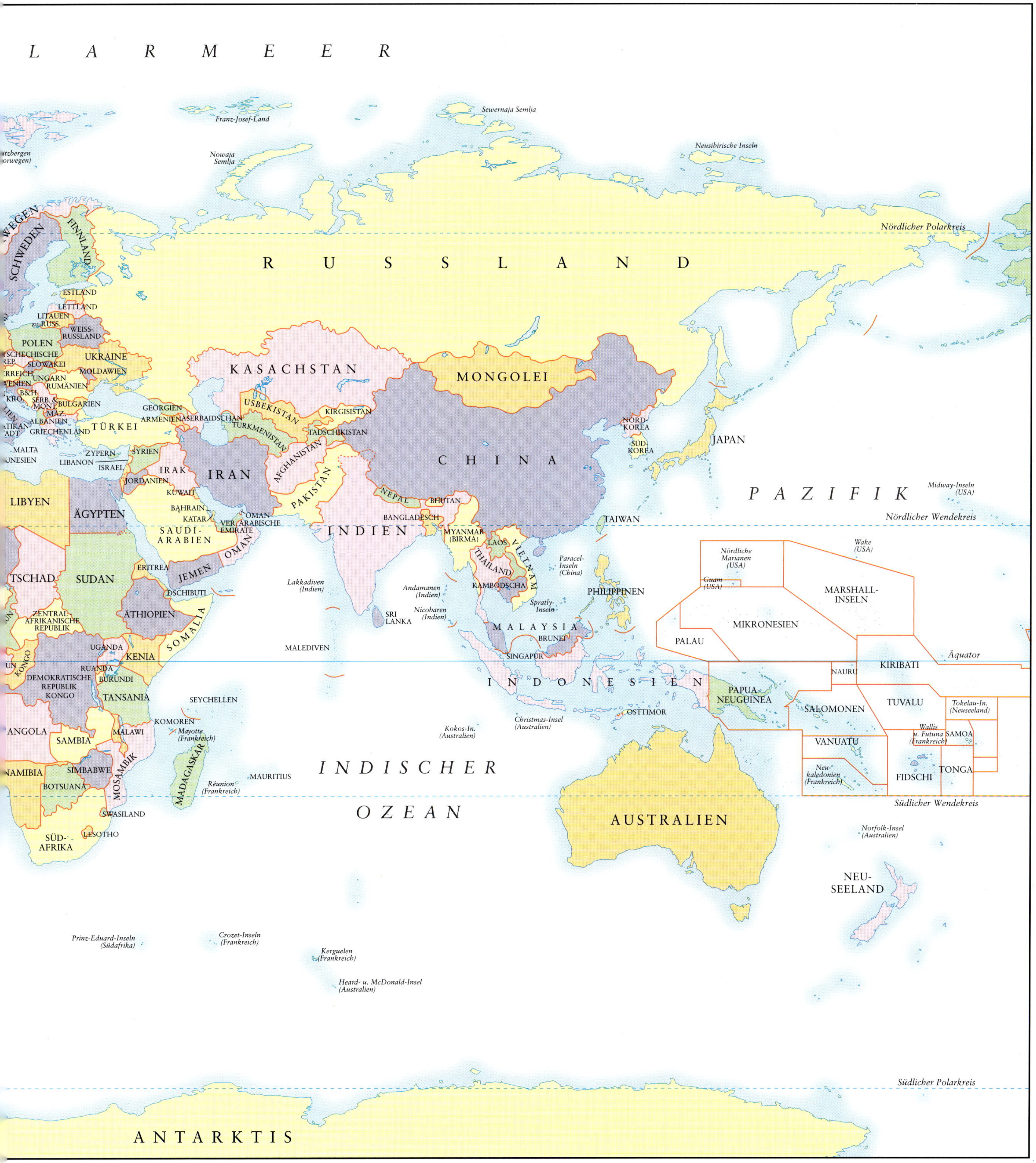

L A R M E E R
Franz-Josef-Land
Sewernaja Semlja
Nowaja Semlja
Neusibirische Inseln
Nördlicher Polarkreis
SCHWEDEN
FINNLAND
R U S S L A N D
ESTLAND
LETTLAND
LITAUEN
zu RUSS.
WEISS-RUSSLAND
POLEN
UKRAINE
SLOWAKEI
UNGARN
MOLDAWIEN
RUMÄNIEN
B&H
SERB. & MONT.
BULGARIEN
MAZ.
ALBANIEN
GRIECHENLAND
TÜRKEI
GEORGIEN
ARMENIEN
ASERBAIDSCHAN
KASACHSTAN
USBEKISTAN
TURKMENISTAN
KIRGISISTAN
TADSCHIKISTAN
MONGOLEI
NORD-KOREA
SÜD-KOREA
JAPAN
MALTA
ZYPERN
LIBANON
SYRIEN
ISRAEL
IRAK
IRAN
AFGHANISTAN
CHINA
JORDANIEN
KUWAIT
BAHRAIN
KATAR
PAKISTAN
NEPAL
BHUTAN
LIBYEN
ÄGYPTEN
OMAN
VER. ARABISCHE EMIRATE
SAUDI-ARABIEN
BANGLADESCH
INDIEN
MYANMAR (BIRMA)
LAOS
TAIWAN
P A Z I F I K
Midway-Inseln (USA)
Nördlicher Wendekreis
Wake (USA)
Nördliche Marianen (USA)
Guam (USA)
MARSHALL-INSELN
TSCHAD
SUDAN
ERITREA
JEMEN
DSCHIBUTI
THAILAND
VIETNAM
KAMBODSCHA
Paracel-Inseln (China)
PHILIPPINEN
Lakkadiven (Indien)
Andamanen (Indien)
Nicobaren (Indien)
Spratly-Inseln
ZENTRALAFRIKANISCHE REPUBLIK
ÄTHIOPIEN
SOMALIA
SRI LANKA
MALAYSIA
BRUNEI
MIKRONESIEN
PALAU
UGANDA
KENIA
MALEDIVEN
SINGAPUR
Äquator
KONGO
RUANDA
BURUNDI
DEMOKRATISCHE REPUBLIK KONGO
TANSANIA
SEYCHELLEN
I N D O N E S I E N
NAURU
KIRIBATI
PAPUA-NEUGUINEA
SALOMONEN
TUVALU
Tokelau-In. (Neuseeland)
OSTTIMOR
Christmas-Insel (Australien)
Kokos-In. (Australien)
KOMOREN
Mayotte (Frankreich)
ANGOLA
SAMBIA
MALAWI
Wallis u. Futuna (Frankreich)
SAMOA
VANUATU
MOSAMBIK
MADAGASKAR
SIMBABWE
I N D I S C H E R
O Z E A N
NAMIBIA
BOTSUANA
MAURITIUS
Réunion (Frankreich)
Neu-kaledonien (Frankreich)
FIDSCHI
TONGA
SWASILAND
AUSTRALIEN
Südlicher Wendekreis
LESOTHO
SÜD-AFRIKA
Norfolk-Insel (Australien)
NEU-SEELAND
Prinz-Eduard-Inseln (Südafrika)
Crozet-Inseln (Frankreich)
Kerguelen (Frankreich)
Heard- u. McDonald-Insel (Australien)
Südlicher Polarkreis
ANTARKTIS

RUSSLAND
ALASKA (BUNDESSTAAT DER USA)
Grönland
(Dänemark)
Nuuk
KANADA
OTTAWA
St.-Pierre und Miquelon (Frankreich)
VEREINIGTE STAATEN VON AMERIKA
WASHINGTON D.C.
Bermuda-Inseln (Großbritannien)
MEXIKO
MEXIKO-STADT
NASSAU
BAHAMAS
HAVANNA
KUBA
Turks- und Caicos-Inseln (Großbritannien)
DOMINIKANISCHE REPUBLIK
HAITI
PORT-AU-PRINCE
SANTO DOMINGO
Puerto Rico (USA)
KINGSTON
JAMAIKA
Cayman-Inseln (GB)
BELIZE
BELMOPAN
GUATEMALA
GUATEMALA
HONDURAS
TEGUCIGALPA
SAN SALVADOR
EL SALVADOR
NICARAGUA
MANAGUA
SAN JOSÉ
COSTA RICA
PANAMA
PANAMA
Aruba (Niederlande)
Niederländische Antillen (Niederlande)
PORT OF SPAIN
TRINIDAD UND TOBAGO
SÜD-AMERIKA
1. 2. 3. 4. 5. 6. 7.
0 1000 2000 km
0 500 1000 Meilen
1. ST. KITTS UND NEVIS
2. ANTIGUA UND BARBUDA
3. DOMINICA
4. ST. LUCIA
5. BARBADOS
6. ST. VINCENT UND DIE GRENADINEN
7. GRENADA
A B C D E
1 2 3 4 5 6

Fruchtbares Land

Der Mississippi schwemmt mit seinem Wasser fruchtbaren Schlamm an. Entlang seinen Ufern gibt es deshalb viel wertvollen Ackerboden.

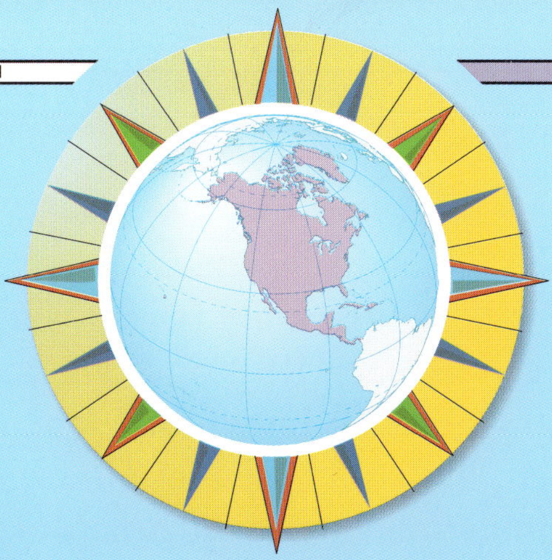

NORD-AMERIKA

Nordamerika ist der drittgrößte Kontinent. Er erstreckt sich von der eisigen Arktis im Norden bis zu den Tropen im Süden. Im Winter ist es im Norden sehr kalt, weil von der Arktis her eisige Winde wehen. Die Sommer sind in den meisten Gegenden Nordamerikas warm oder heiß. Die Rocky Mountains erstrecken sich im Westen des Kontinents vom Norden Kanadas bis nach Mexiko. Im Osten erheben sich die Appalachen. Zwischen diesen beiden Gebirgszügen liegen riesige Ebenen mit den mächtigen Strömen Mississippi und Missouri.

Nordamerika besteht aus drei großen Staaten: Kanada, den Vereinigten Staaten von Amerika und Mexiko. Dazu kommen noch: Grönland, die kleineren Staaten Zentralamerikas und der Karibik.

Kristallklar

Kanada hat mehr Seen und Flüsse als jedes andere Land der Erde. Um sie zu schützen, wurden viele Landschaften zu Nationalparks gemacht.

Schmelztiegel

Menschen aus vielen verschiedenen Ländern und Kulturen bilden die Nation der Vereinigten Staaten von Amerika und sind Teil ihrer multikulturellen Gesellschaft.

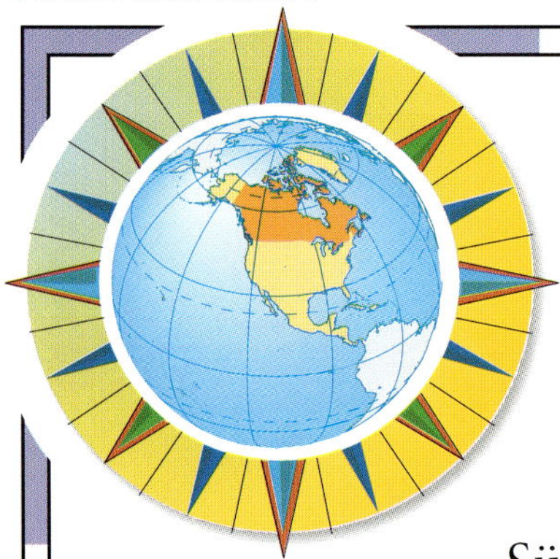

Kanada

Kanada ist ein riesiges Land – das zweitgrößte nach Russland. Die meisten der 30 Millionen Einwohner leben jedoch im Süden, in den Städten im Grenzgebiet zu den Vereinigten Staaten von Amerika. In den Nordwest-Territorien und auf den nördlichen Inseln leben sehr wenig Menschen, da diese Gegenden bereits jenseits des Nördlichen Polarkreises liegen. Hier können die Temperaturen auf bitterkalte – 40 °C fallen. Die Rocky Mountains im Westen sind von Wäldern bedeckt; viele Wildtiere wie etwa der Weißkopfseeadler leben dort. Im äußersten Norden gibt es Eisbären. In der Mitte Kanadas erstrecken sich weite Ebenen, in denen viel Weizen angebaut wird.

In der Provinz Quebec sprechen die Menschen Französisch. Deshalb hat Kanada zwei offizielle Landessprachen: Englisch und Französisch.

Lange Reise
Tausende von Monarchfaltern versammeln sich jeden Herbst in Kanada und fliegen nach Süden. Sie verbringen den Winter in Kalifornien und Nord-Mexiko. Einige reisen rund 3400 Kilometer.

DATEN UND FAKTEN

Größte Städte
Toronto 4 683 000
Montreal 3 426 000

Längster Fluss
Mackenzie 1733 km

Größter See
Oberer See 82 350 km². Er ist der größte See in Nordamerika und der zweitgrößte See auf der Erde.

Höchster Berg
Mount Logan 5959 m

Flinke Flitzer
Eishockey ist die beliebteste Sportart in Kanada. Die ersten Matches wurden im 19. Jahrhundert im zugefrorenen Hafen von Kingston, Ontario, ausgetragen.

USA – der Westen

Die Vereinigten Staaten von Amerika (USA) erstrecken sich über weite Teile des nordamerikanischen Kontinents. Dieses große Land besteht aus 50 Bundesstaaten. Landschaften und Klima unterscheiden sich stark: Es gibt die arktische Wildnis in Alaska, die Wüste in Arizona, Sümpfe im Süden Floridas und das weite Grasland der Prärien im mittleren Westen.

Im Westen findet man auch Naturdenkmäler wie den Grand Canyon, eine tiefe Schlucht, die der Colorado gegraben hat. Das Klima in Kalifornien ist ideal für den Anbau von Orangen.

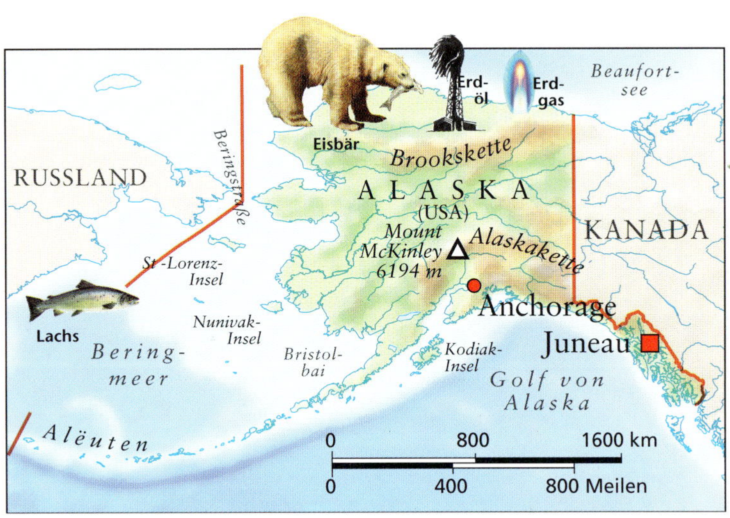

DATEN UND FAKTEN

Größte Städte
Los Angeles 12 745 000
Dallas 5 484 000

Größter Bundesstaat
Alaska

Längster Fluss
Mississippi-Missouri 6020 km

Höchster Berg
Mount McKinley 6194 m

Tiefster Punkt
Tal des Todes: 86 m unter Meeresspiegel

K A N A D A
Lake of the Woods
Getreide-silos
Weißkopf-seeadler
Oberer See
MICHIGAN
Sakakawea-stausee
NORTH DAKOTA
Bismarck
Sonnen-blumen
Weizen
MINNESOTA
Mississippi
Fort-Peck-stausee
Missouri
MONTANA
Helena
Rinder
Yellowstone
Gabelbock
Bison
James
Minneapolis
Saint Paul
WISCONSIN
Bighorn
Bighornberge
SOUTH DAKOTA
Pierre
Präriehund
Industrie
Elektronik
Erdöl
Tagebau
Mount Rushmore
Sioux Falls
WYOMING
VEREINIGTE STAATEN
Mais
IOWA
Industrie
Dickhorn-schaf
NEBRASKA
Des Moines
Schweine
Cheyenne
North Platte
Cowboys
Omaha
South Platte
Platte
Lincoln
ILLINOIS
Luchs
Ski
Denver
Colorado
Mount Elbert 4399 m
Erdöl
KANSAS
Kansas City
Topeka
Bier
Waldkaninchen
St. Louis
COLORADO
Kartoffel-käfer
Industrie
Jefferson City
AMERIKA
Pueblo
Arkansas
Sonnenblumen
MISSOURI
Mount Wilson 4342 m
Weizen
Flugzeugbau
Wichita
Ozark-plateau
Milchwirtschaft
Geflügel
Rinder
Wheeler Peak 4011 m
Tulsa
Kachina-puppen
Industrie
Arkansas
ARKANSAS
Santa Fe
Gas
Weizen
Oklahoma City
Little Rock
Reis
Mississippi
Albuquerque
Amarillo
OKLAHOMA
Elektronik
NEW MEXICO
Baum-wolle
Red River
Bauxit
MISSISSIPPI
Llano Estacado
Industrie
Gürteltier
Rodeo
Dallas
Fort Worth
Soja
Jazz
Eselhase
Teleskop
Elektronik
LOUISIANA
Erdöl verarbeitende Industrie
El Paso
Halsbandleguan
Colorado
Baton Rouge
Rio Grande
Erdkuckuck
Pecos
Edwardsplateau
TEXAS
Austin
Houston
Flusskrebs
New Orleans
Mississippi-delta
Vereinigte Staaten von Amerika
San Antonio
0
250
500 km
0
125
250 Meilen
Rinder
Erdöl
Erdöl-Bohrinsel
Golf von Mexiko
Fischerei
MEXIKO
Rio Grande

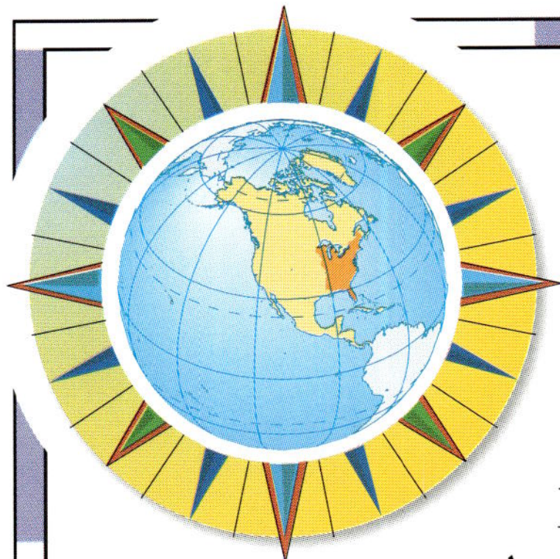

USA – der Osten

Im östlichen Teil der USA ließen sich im 17. Jahrhundert die ersten europäischen Auswanderer nieder. Auch heute noch ist der Osten der am dichtesten besiedelte Teil des Landes. Großstädte wie New York, Chicago und Washington D.C. befinden sich dort. Die Küste erstreckt sich von den felsigen Ufern Maines bis zu den sonnigen Inseln vor Florida und zeigt die unterschiedlichsten Landschaftsbilder. Im Landesinneren erhebt sich der Gebirgszug der Appalachen. Das angrenzende Land ist noch dicht bewaldet. 75 Prozent der Fläche des Bundesstaates West Virginia sind von Wald bedeckt. Die Bundesstaaten am Golf von Mexiko zeichnen sich durch ein begünstigtes Klima aus. In Florida ist es das ganze Jahr über warm. Viele Touristen aus den USA und aller Welt kommen hierher. Auf Kap Canaveral in der Nähe von Orlando befindet sich das Kennedy-Raumfahrt-Zentrum.

Das Weiße Haus
Das Weiße Haus in Washington D.C. ist sowohl der offizielle Amtssitz des Präsidenten der USA als auch seine Wohnung. Washington D.C. ist die Hauptstadt der Vereinigten Staaten.

Basketball
Basketball wurde am Ende des 19. Jahrhunderts in den USA erfunden. Zwei Teams versuchen, die meisten Punkte zu erreichen, indem sie den Ball so oft wie möglich in den gegnerischen »Korb« befördern.

DATEN UND FAKTEN

Größte Städte
New York 18 603 000
Chicago 9 286 000
Philadelphia 5 752 000

Größter See
Oberer See 82 350 km²

Höchster Berg
Mount Washington 1917 m

Auf dem Markt
Mexikanische Bauern pflanzen schon seit tausenden von Jahren Mais, Tomaten, Avokados, Paprika und viele Sorten von Bohnen an.

Zentralamerika

Zentralamerika ist eine schmale Landbrücke, die Nord- und Südamerika verbindet. Mexiko ist der größte Staat in dieser Region. In Mexiko gibt es Wüsten, Vulkane und tropischen Regenwald. Weiter südlich liegen die Staaten Guatemala, Belize, Honduras, El Salvador, Nicaragua, Costa Rica und Panama. Im tropischen Regenwald, der diese Region bedeckt, leben unzählige Tierarten – z. B. Affen, Schmetterlinge, Papageien und Quetzals. Vor langer Zeit beherrschten die Völker der Azteken, Maya und Olmeken Zentralamerika. Die Ruinen ihrer Städte sind heute ein Anziehungspunkt für tausende von Touristen.

Der Panamakanal ist der am meisten befahrene Kanal der Welt. Er ist 82 Kilometer lang und verbindet den Pazifik mit dem Atlantik. Vor seiner Eröffnung im Jahr 1914 mussten die Schiffe um ganz Südamerika herumfahren.

Ausgerechnet Bananen
In Honduras werden vor allem Bananen angebaut. 25 % des Einkommens stammen aus ihrem Verkauf.

Pulsierende Großstadt
Mexiko-Stadt ist mit 21 Millionen Einwohnern die drittgrößte Stadt der Welt. Die Mexikaner gehen gerne zu großen Sportveranstaltungen – z. B. in diese beiden gewaltigen Sport-Arenen.

DATEN UND FAKTEN
Größte Städte Mexiko-Stadt 20 965 000 Guadalajara 3 847 000 Monterrey 3 468 000
Längster Fluss Rio Grande 3304 km
Größter See Nicaraguasee, Nicaragua 8200 km²
Höchster Berg Pico de Orizaba, Mexiko 5700 m

Tempel im Dschungel
Vor 3000 Jahren entstand die Maya-Stadt Tikal (Guatemala). Über 3000 Ruinen kann man dort heute noch sehen, darunter imposante Tempel.

Die Menschen der Karibik lieben große Feste und den Karneval, der mit langen, farbenprächtigen Umzügen gefeiert wird.

Die Karibik

Eine Insel-Kette trennt das Karibische Meer vom Atlantischen Ozean. Es gibt viele verschiedene Staaten und Hunderte von Inseln in der Karibik. Kuba ist mit 1100 Kilometer Länge die größte Insel. Haiti und die Dominikanische Republik teilen sich die zweitgrößte Insel, Hispaniola. Manche Inseln sind so klein, dass sie unbewohnt sind. Auf allen Inseln dieser Region herrscht tropisches Klima mit einer Regenzeit zwischen Juni und November. Manchmal fegen schlimme Stürme, die Hurrikans, durch die Karibik. Sie können große Schäden anrichten. Viele Inseln werden von Korallenriffs und herrlichen Stränden gesäumt, die unzählige Touristen zum Schnorcheln und Sonnenbaden einladen.

DATEN UND FAKTEN

Größte Städte
Santo Domingo 2677000
Havanna 2198000
Port-au-Prince 1557000

Höchster Berg
Pico Duarte 3175 m

Zahl der Inseln
Mehr als 100

Zahl der Hurrikans
Durchschnittlich sechs Hurrikans im Jahr, zwischen Juni und November. Sie erreichen bis zu 250 km/h.

Strand-Paradiese
Tausende von Touristen zieht es jedes Jahr an die weißen Strände der Karibik. Der Tourismus bildet die Haupteinnahmequelle der dortigen Staaten.

Aruba (Niederlande)
Niederl. Antillen (Niederlande)
GRENADA
CARACAS
TRINIDAD UND TOBAGO
PANAMA
VENEZUELA
GEORGETOWN
GUYANA
PARAMARIBO
Cayenne
SURINAME
Franz.-Guayana (Frankreich)
BOGOTÁ
KOLUMBIEN
QUITO
ECUADOR
B R A S I L I E N
P E R U
LIMA
B O L I V I E N
LA PAZ
SUCRE
BRASÍLIA
PARAGUAY
ASUNCIÓN
C H I L E
Desventurados-Inseln (Chile)
Juan-Fernandez-Inseln (Chile)
SANTIAGO
BUENOS AIRES
URUGUAY
MONTEVIDEO
ARGENTINIEN
Falkland-Inseln (Malwinen) (Großbritannien)
0 500 1000 km
0 250 500 Meilen
A
C
D
E
1
2
3
4
5
6

Amazonas
Die Region um den gewaltigen Amazonas ist Lebensraum der verschiedensten Tiere und Pflanzen. Im langsam fließenden Gewässer gedeiht z.B. diese Wasser-Lilie, die riesige Blätter hervorbringt.

SÜD-AMERIKA

Südamerika ist der viertgrößte Kontinent. Er reicht vom Karibischen Meer im Norden bis zu den kalten Regionen an seiner Südspitze.

Im Nordosten des Kontinents liegt das tropische Amazonas-Becken. Dort ist es das ganze Jahr über heiß und feucht. Der Amazonas-Regenwald ist der größte seiner Art. Südlicher wird das Klima kühler. Dort gibt es weite Ebenen. Die Anden sind das größte Gebirge der Welt. Sie erstrecken sich auf 7250 Kilometer Länge im Westen des Kontinents. Mit Ausnahme Brasiliens, wo Portugiesisch gesprochen wird, ist Spanisch die Landessprache der südamerikanischen Staaten. Die Küstenregionen sind am dichtesten besiedelt.

Eisige Höhen
Im Nationalpark »Torres del Paine« im Süden Chiles zeigen sich die Berge und Seen in ihrer ganzen Schönheit.

Bezaubernde Töne
Ein Mädchen aus Peru spielt ein Lied auf einer Panflöte. Sie ist aus Bambusrohr gemacht.

Südamerika – der Norden

Im Amazonastiefland erstreckt sich der größte tropische Regenwald. Er ist reich an pflanzlichen Rohstoffen: zum Beispiel Kakao, Nüsse, seltene Hölzer und Pflanzen, aus denen medizinische Wirkstoffe gewonnen werden. Aber die Menschen zerstören den Regenwald: Sie fällen die Bäume, um Holz zu gewinnen, sie graben nach Bodenschätzen und roden den Wald, weil sie neues Ackerland brauchen.

Brasilien ist das größte Land Südamerikas; es erstreckt sich über fast die Hälfte des Kontinents. In Brasilien wird ein Großteil des weltweiten Bedarfs an Kaffee und Zuckerrohr angebaut. Die Bevölkerung Brasiliens ist sehr jung: Fast die Hälfte der Menschen sind unter 20 Jahre alt. Venezuela ist das reichste Land Südamerikas; es hat große Erdölvorkommen und viele Bodenschätze. In Venezuela befindet sich auch der höchste Wasserfall der Erde – die Angelfälle. Die Staaten auf der Westseite des Kontinents werden von den Anden geprägt – dem längsten Gebirgszug der Erde. Bolivien hat zwei Hauptstädte: La Paz und Sucre. La Paz, der Regierungssitz, ist die höchstgelegene Hauptstadt der Welt.

Wahrzeichen
Die Christusstatue auf dem Zuckerhut erhebt sich hoch über Rio de Janeiro. Rio ist Brasiliens kulturelle Hauptstadt und pulsierender Atlantik-Hafen.

DATEN UND FAKTEN

Größte Städte
Sao Paulo 17 834 000
Rio de Janeiro 10 872 000

Höchster Berg
Huascarán 6768 m

Größter Wasserfall
Angelfälle 978 m

Längster Fluss
Amazonas 6448 km

Größter See
Titicacasee 8300 km²

Südamerika – der Süden

Chile, Argentinien, Paraguay und Uruguay sind die vier Staaten im Süden des Kontinents. Die Falkland-Inseln im Atlantik gehören zu England. Chile ist ein langes, schmales Stück Land zwischen dem Pazifik und den Anden. In Chile befindet sich die trockenste Region der Erde, die Atacamawüste.

In Argentinien finden sich unterschiedliche Landschaften: die Gipfel der Anden und die flachen Prärien der Pampas. Im Süden des Landes liegt Patagonien, eine raue Hochebene, an der Südspitze des Kontinents die Insel Feuerland; sie ist nur etwa 1000 Kilometer von der Antarktis entfernt.

Uruguay und Argentinien teilen sich das Mündungsgebiet des Rio de la Plata. Der Fluss ist eine große Handelsstraße ins Zentrum des Kontinents. Paraguay hat keinen eigenen Zugang zum Meer. Ein Großteil der Bevölkerung stammt sowohl von den Indios als auch von den Spaniern ab. In den anderen Staaten sind die meisten Einwohner Nachfahren der Europäer, die vor rund 400 Jahren eingewandert sind.

Dürres Land
Die Atacamawüste in Chile ist die trockenste Region der Erde. In manchen Gegenden hat es seit 400 Jahren nicht mehr geregnet.

Gauchos
Berittene Hirten, die Gauchos, kümmern sich in Argentinien um die Rinderherden. Die weiten Ebenen bieten gute Bedingungen für die Haltung von Rindern und Schafen.

DATEN UND FAKTEN

Größte Städte
Buenos Aires 11 931 000
Santiago 6 039 000
Montevideo 1 370 000

Höchster Berg
Aconcagua 6960 m

Tiefster Punkt
Valdés-Halbinsel: 40 m unter dem Meeresspiegel

Längster Fluss
Paraná-Rio de la Plata
4880 km

Größter Staudamm
Itaipú-Staudamm am Paraná (mit dem weltweit größten Wasservolumen)

Zahl der Rinder
58 Millionen in Argentinien (Stand: 2000)

0 300 600 km
0 150 300 Meilen

A
B
C
D
E
1
2
3
4
5
6
0
500
1000 km
0
250
500 Meilen
Grönland
(Dänemark)
Jan Mayen
(Norwegen)
Häreninsel
(Norwegen)
REYKJAVIK
ISLAND
Vesterålen
Lofoten
Färöer
(Dänemark)
Shetland-
Inseln
Orkney-
Inseln
Äußere Hebriden
NORWEGEN
SCHWEDEN
FINNLAND
OSLO
STOCKHOLM
HELSINKI
RUSS
REVAL
ESTLAND
GROSSBRITANNIEN
UND NORDIRLAND
IRLAND
DUBLIN
Man
(Großbritannien)
DÄNEMARK
KOPENHAGEN
Gotland
Öland
LETTLAND
RIGA
MOSKAU
LITAUEN
WILNA
zu RUSSLAND
MINSK
WEISSRUSSLAND
NIEDERLANDE
AMSTERDAM
DEN HAAG
LONDON
BERLIN
WARSCHAU
Kanalinseln
(Großbritannien)
BRÜSSEL
BELGIEN
DEUTSCHLAND
POLEN
LUXEMBURG
LUX.
PARIS
PRAG
TSCHECHISCHE
REPUBLIK
KIEW
UKRAINE
FRANKREICH
SLOWAKEI
WIEN
PRESSBURG
BERN
VADUZ
LIECH.
SCHWEIZ
ÖSTERREICH
BUDAPEST
MOLDAWIEN
KISCHINAU
UNGARN
SLOWENIEN
LAIBACH
ZAGREB
KROATIEN
RUMÄNIEN
PORTUGAL
LISSABON
ANDORRA
ANDORRA
MADRID
SPANIEN
MONACO
SAN
MARINO
BOSNIEN UND
HERZEGOWINA
BELGRAD
SARAJEVO
BUKAREST
ITALIEN
SERBIEN UND
MONTENEGRO
BULGARIEN
SOFIA
Korsika
ROM
VATIKAN-
STADT
SKOPJE
MAZEDONIEN
TÜRKEI
Mallorca
Menorca
Ibiza
Balearen
Sardinien
TIRANA
ALBANIEN
Gibraltar
(Großbritannien)
GRIECHENLAND
Sizilien
ATHEN
AFRIKA
MALTA
VALLETTA
Rhodos
Kreta

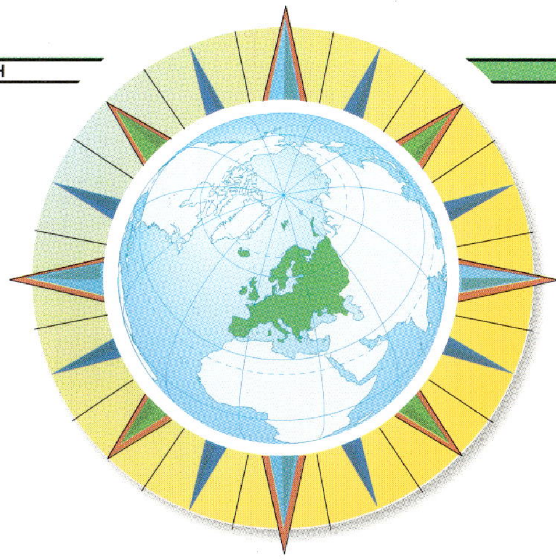

EUROPA

Europa ist der zweitkleinste Kontinent, aber mit seinen 43 Staaten der am dichtesten besiedelte von allen.

Europa reicht vom Atlantik im Westen bis zum russischen Ural-Gebirge im Osten, von der Barentssee im Norden bis zum Mittelmeer im Süden. Es ist ein Kontinent mit vielen Inseln und Halbinseln. Seine zerklüfteten Küsten sind zusammen fast 61 000 Kilometer lang: Aneinander gelegt würden sie eineinhalbmal um den Äquator passen. Das Klima ist fast überall mild. In den Ländern rund um das Mittelmeer ist es im Sommer trocken und heiß, im Winter regnet es häufig.

Die meisten der europäischen Staaten haben eine sehr lange Geschichte; einige, wie z. B. die Staaten auf dem Gebiet des früheren Jugoslawien, sind erst einige Jahre alt.

Tradition
In vielen Regionen Europas sind alte Traditionen lebendig geblieben. Diese beiden Trachtenmädchen sind aus Lettland.

Felsige Küsten
Auf der Inselgruppe der Balearen vor der Küste Spaniens herrscht ein sehr mildes Klima. Deshalb sind sie ein beliebtes Urlaubsziel.

Nordwesteuropa

Dänemark, Norwegen, Schweden und Finnland sind die Länder Skandinaviens. Im Atlantik weit vor der Westküste Norwegens liegt der Inselstaat Island. Der Norden Skandinaviens reicht schon ins Polargebiet, aber das Klima wird durch den Atlantischen Strom gemildert, eine Meeresströmung, die warmes Wasser heranführt. Die Landschaft Skandinaviens ist zerklüftet, gebirgig und stark bewaldet. An der norwegischen Küste gibt es viele lange, schmale, tiefe Buchten, die Fjorde. Norwegen hat fünf der höchsten Wasserfälle der Erde: Utigård, Mongefossen, Espelandsfoss, Østre Mardolafoss und Tyssestrengane. Berühmt ist Skandinavien auch für seine unzähligen Seen (in Schweden allein sind es über 95 000). Über die Hälfte der Fläche Schwedens ist von dichtem Wald bedeckt. In Dänemark dagegen ist das Land meist flach und es gibt sehr viel Ackerland.

Island ist zum Teil von Gletschern bedeckt. Die Insel ist vulkanischen Ursprungs; berühmt sind ihre heißen Quellen und Geysire.

DATEN UND FAKTEN

Größte Städte
Stockholm 1 661 000
Kopenhagen 1 386 000

Größter See
Vänersee 5585 km²

Höchster Berg
Galdhopiggen 2479 m

Größter Wasserfall
Utigard (800 m) ist der drittgrößte weltweit.

Berühmte Fjorde
Norwegens Fjorde entstanden während der letzten Eiszeit, als Gletscher tiefe Buchten in das Land fraßen. Als das Eis schmolz und der Meeresspiegel anstieg, füllten sich diese Buchten mit Wasser.

Die Britischen Inseln

Die Gruppe der Britischen Inseln besteht aus zwei größeren Inseln und vielen kleinen, die vor der Nordwestküste Europas im Atlantik liegen. Die beiden größeren Inseln sind Großbritannien und Irland. Auf Großbritannien liegen England, Schottland und Wales; zusammen mit dem nördlichen Teil Irlands (Nordirland) gehören diese Landesteile zum »Vereinigten Königreich«. Der südliche Teil Irlands, die Republik Irland, ist ein selbstständiger Staat. Das Klima auf den Britischen Inseln ist mild – bedingt durch den Golfstrom, der warmes Wasser von Florida bis nach Westeuropa führt. Im Winter kommen kalte Luftmassen aus dem Norden und Osten; da kann es viel Schnee geben. Die Sommer sind warm, doch der Wind aus Südwesten bringt viel Regen mit.

Ein großer Teil der Fläche Großbritanniens wird für die Landwirtschaft genutzt. 90 Prozent der Bevölkerung lebt in den Städten. Im 19. Jahrhundert wurden viele Fabriken gebaut; heute jedoch arbeiten die meisten Menschen im Dienstleistungsbereich, z. B. als Beamte oder bei Versicherungen.

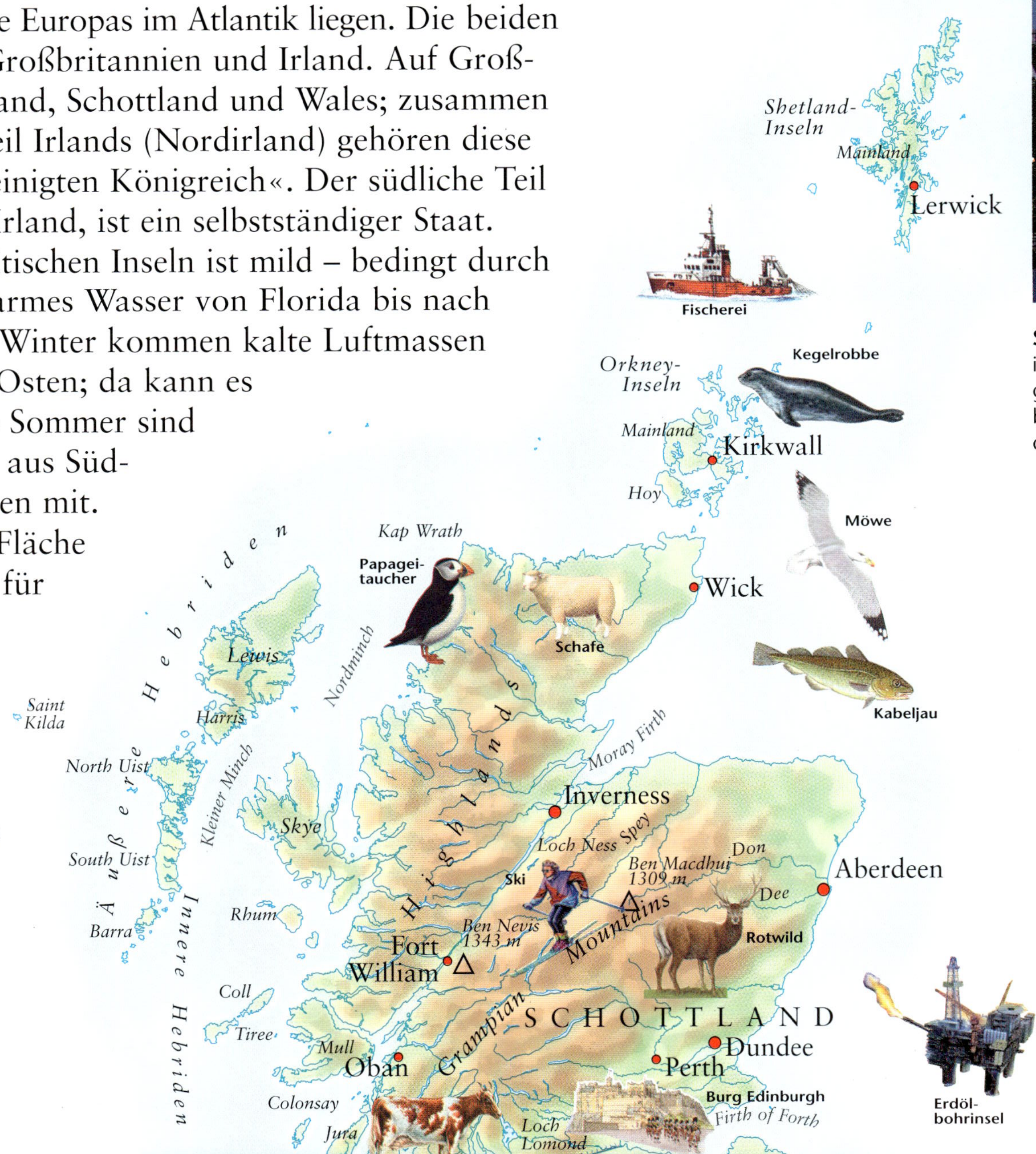

Saint Paul's Cathedral in London wurde 1672 fertig gestellt und zählt zu den berühmtesten Gotteshäusern der Welt.

DATEN UND FAKTEN

Größte Städte
London 8 201 000
Birmingham 2 373 000
Manchester 2 353 000
Glasgow 1 168 000
1900 war London die größte Stadt der Welt.

Größter See
Lough Neagh 396 km²

Längster See
Loch Ness 35 km

Längster Fluss
Shannon 372 km

Höchster Berg
Ben Nevis 1343 m

Zahl der Inseln
Mehr als 5000

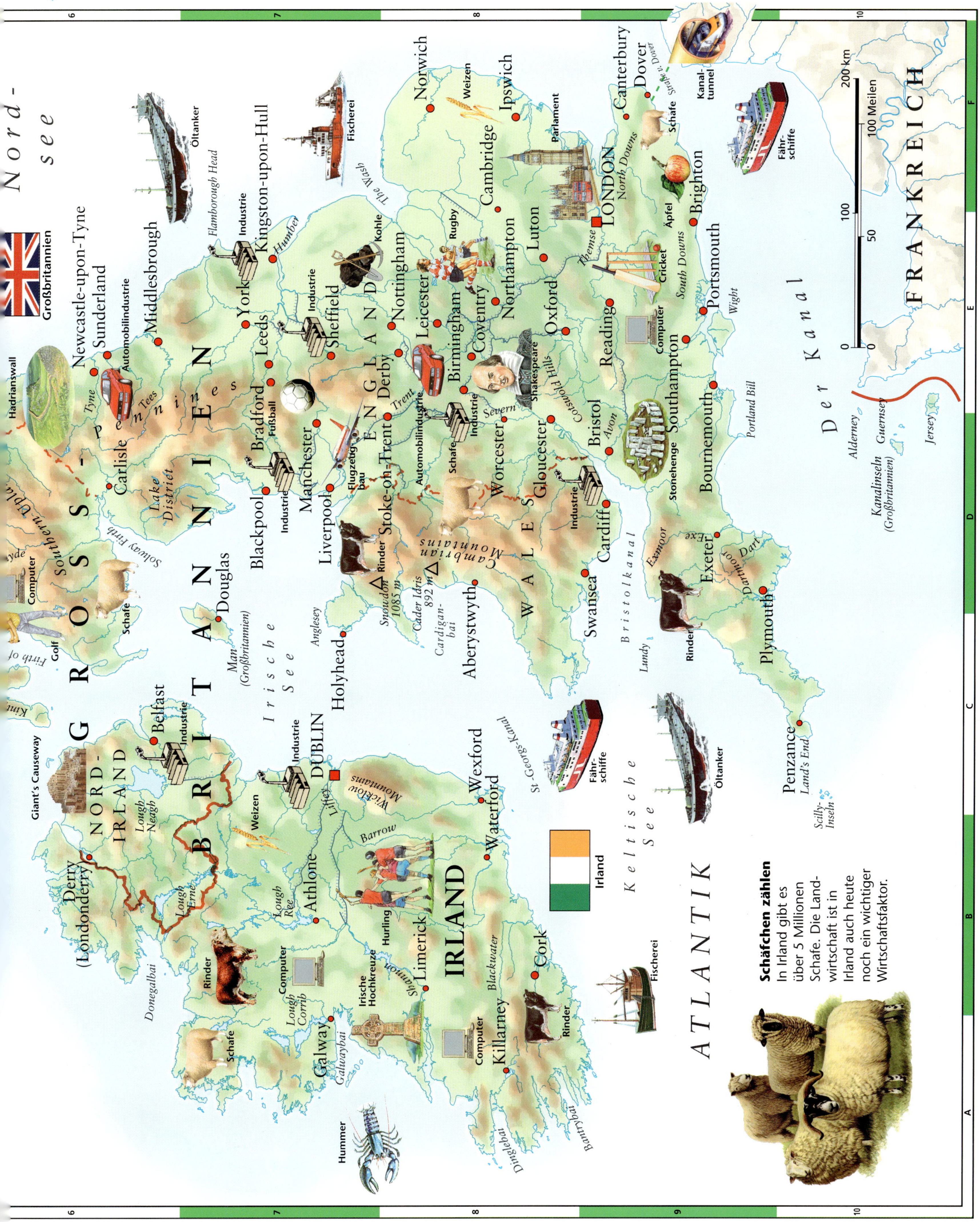

Schäfchen zählen
In Irland gibt es über 5 Millionen Schafe. Die Landwirtschaft ist in Irland auch heute noch ein wichtiger Wirtschaftsfaktor.

Deutschland und die Benelux-Staaten

Deutschland ist das viertgrößte Land und führende Industrienation Europas. Nach dem Ende des Zweiten Weltkriegs war Deutschland in zwei Staaten aufgeteilt worden. Eine strengstens bewachte Grenze durchschnitt das Land; die Stadt Berlin wurde von einer Mauer geteilt. Das Deutschland in seinen heutigen Grenzen gibt es erst seit dem Jahr 1990.

Belgien, die Niederlande und Luxemburg – das sind die so genannten Be-Ne-Lux-Staaten. Fast die Hälfte der Fläche der Niederlande war ursprünglich Land unter dem Meeresspiegel und wurde der Nordsee abgerungen. Dieses Land ist sehr fruchtbares Ackerland. Deshalb sind die Niederlande auch sehr bekannt für ihre Agrarprodukte. Berühmt sind zum Beispiel der holländische Käse und die riesigen Tulpenfelder.

Die Hauptstadt von Belgien, Brüssel, ist Sitz der wichtigsten Institutionen der Europäischen Gemeinschaft. Luxemburg ist traditionell ein wichtiges Banken-Zentrum.

Im Schwarzwald
Auf den Höhen des Schwarzwaldes herrscht ein raues Klima; in den Tälern jedoch ist es sehr mild. Die typischen Schwarzwaldhäuser haben steile, reetgedeckte Dächer.

DATEN UND FAKTEN

Größte Städte
Berlin 4 064 000
Amsterdam 1 121 000
Brüssel 1 076 000

Höchster Berg
Zugspitze 2963 m

Längster Fluss
Donau 2858 km

DEUTSCHLAND
NIEDERLANDE
BELGIEN
LUXEMBURG
FRANKREICH
SCHWEIZ
ÖSTERREICH
TSCHECHISCHE REPUBLIK
POLEN
BERLIN
AMSTERDAM
DEN HAAG
BRÜSSEL
LUXEMBURG
Potsdam
Dresden
Chemnitz
Leipzig
Halle
Magdeburg
Gera
Erfurt
Göttingen
Kassel
Hannover
Bremen
Oldenburg
Osnabrück
Münster
Enschede
Dortmund
Essen
Wuppertal
Düsseldorf
Krefeld
Mönchen-gladbach
Köln
Aachen
Bonn
Koblenz
Wiesbaden
Mainz
Frankfurt am Main
Darmstadt
Mannheim
Heidelberg
Karlsruhe
Stuttgart
Ulm
Augsburg
München
Passau
Nürnberg
Würzburg
Trier
Saarbrücken
Freiburg
Emmen
Zwolle
Apeldoorn
Amersfoort
Arnheim
Nimwegen
Utrecht
Leiden
Haarlem
Rotterdam
Dordrecht
Breda
Tilburg
Eindhoven
Maastricht
Lüttich
Namur
Charleroi
Antwerpen
Gent
Brügge
Ostende
Zeebrugge
Oder
Neiße
Spree
Havel
Elbe
Saale
Aller
Weser
Ems
Lippe
Rhein
Maas
Waal
Mosel
Sambre
Main
Fulda
Werra
Neckar
Donau
Isar
Oosterschelde
Westerschelde
IJsselmeer
Markermeer
Lüneburger Heide
Mittellandkanal
Main-Donau-Kanal
Harz
Thüringer Wald
Frankenwald
Erzgebirge
Rhön
Eifel
Hunsrück
Ardennen
Bayerischer Wald
Fränkische Alb
Schwäbische Alb
Schwarzwald
Bodensee
Chiemsee
Alpen
Allgäu
Zugspitze 2963 m
Watzmann 2713 m
Mädelegabel 2645 m
Altes Museum
Kartoffeln
Tagebau
Elektronik
Leipziger Rathaus
Industrie
Optische Instrumente
Wurst
Landwirtschaft
Lastkahn
Eichhörnchen
ICE
Wildschwein
Buntspecht
Bier
Automobilindustrie
Automobil-industrie
Karneval
Garten-schläfer
Weizen
Hopfen
Elektro-geräte
Kameras, Fernseh- und Rundfunkgeräte
Ulmer Münster
Neuschwanstein
Schleiereule
Zement
Wald
Weinbau
Chemische Industrie
Beethoven
Kohle
Stahl-industrie
Milchwirtschaft
Windmühle
Blumen
Frachter
Pralinen
Milch-wirtschaft
Deutschland
Niederlande
Belgien
Luxemburg
0 50 100 200 km
0 100 Meilen

Frankreich

Frankreich ist das größte Land Westeuropas. Seine Landschaften sind sehr unterschiedlich. Im Nordosten bilden die Vogesen die Grenze zu Deutschland; die Alpen trennen Frankreich von Italien; die Pyrenäen im Südwesten grenzen an die Spanische Halbinsel. Im Landesinneren liegen das zerklüftete Zentralmassiv und einige wunderschöne Flusstäler.

Es gibt unterschiedliche Klimazonen. Die Landwirtschaft erbringt deshalb die unterschiedlichsten Produkte. Weltberühmt sind die französischen Weine – ebenso wie die französische Küche.

Der Tourismus ist ein wichtiger Wirtschaftsfaktor. Tausende Feriengäste genießen jedes Jahr den Urlaub an der warmen Mittelmeerküste oder in den Gebirgsregionen, wo es viele herrliche Skigebiete gibt.

Zu Frankreich gehört auch Korsika, die viertgrößte Mittelmeerinsel. Das winzige Fürstentum Monaco, an der Riviera zwischen Frankreich und Italien gelegen, ist das zweitkleinste unabhängige Land der Erde.

DATEN UND FAKTEN
Größte Städte Paris 9 645 000 Marseille 1 350 000 Lyon 1 349 000
Längster Fluss Loire 1020 km
Höchster Berg Montblanc 4810 m. Er ist der zweithöchste Berg Europas.
Zahl der Touristen 75 Millionen Touristen jährlich

Train à grande vitesse oder kurz TGV heißt der französische Hochgeschwindigkeitszug. Er fährt mit bis zu 300 km/h.

Frankreich

Spitzenweine keltern die französischen Winzer aus ihren Reben.

Spanien und Portugal

Auf der Iberischen Halbinsel am südwestlichen Ende des europäischen Kontinents liegen die Staaten Spanien und Portugal sowie das winzige Andorra. In den Regionen an der Nord- und an der Westküste gibt es vor allem Landwirtschaft, denn in dieser Gegend fällt viel Regen, der vom Atlantik her kommt.

Madrid, die moderne, lebendige Hauptstadt Spaniens, liegt in der Mitte der Halbinsel – dort, wo die Sommer sehr heiß und die Winter kalt sind.

Die Mittelmeerküsten sind äußerst beliebte Feriengebiete. An der Westküste Portugals ist es nicht ganz so heiß und die Winter sind hier mild.

Gibraltar, eine Halbinsel an der Südspitze der Iberischen Halbinsel, ist britische Kronkolonie. An ihrer Westseite liegt die Stadt Gibraltar mit Kriegs-, Handels- und Jachthafen sowie einem Flughafen.

DATEN UND FAKTEN

Größte Städte
Madrid 5 087 000
Barcelona 3 300 000
Lissabon 2 900 000

Längster Fluss
Tejo/Tajo 1007 km

Höchster Berg
Mulhacén 3478 m

Höchstgelegene Hauptstadt
Andorra ist die höchstgelegene Hauptstadt Europas.

Fischerei
Portugal hat eine lange Atlantik-Küste. Gefischt werden vor allem Sardinen, Kabeljau, Heilbutt und Dorsch.

DATEN UND FAKTEN
Größte Städte
Rom 2 630 000
Wien 1 825 000
Längster Fluss
Po 652 km
Höchster Berg
Montblanc 4810 m
Aktive Vulkane
Ätna, Vesuv, Stromboli
SLOWAKEI
UNGARN
ÖSTERREICH
DEUTSCHLAND
FRANKREICH
SCHWEIZ
LIECHTENSTEIN
SLOWENIEN
KROATIEN
BOSNIEN UND HERZEGOWINA
ITALIEN
SAN MARINO
VATIKANSTADT
MONACO
WIEN
Burgtheater
Neusiedler See
Donau
Wasserkraftwerk
Glas-herstellung
Milch-wirtschaft
Graz
Raab
Marburg
Drau
Linz
Salzburg
Salzach
Attersee
Enns
Niedere Tauern
Mur
Eisenerz
Mozart
Innsbruck
Ski
Großglockner 3797 m
Zugspitze 2963 m
Wildspitze 3774 m
Ötztaler Alpen
Edelweiß
Inn
Ortler 3905 m
Rätische Alpen
Piz Bernina 4049 m
Bodensee
Maschinenbau
St. Gallen
VADUZ
Zürichsee
Glarner Alpen
Rhein
Murmeltier
Winterthur
Zürich
Luzern
BERN
Interlaken
Spiez
Finsteraarhorn 4274 m
Berner Alpen
Rhône
Walliser Alpen
Dufourspitze 4634 m
Matterhorn 4477 m
Montblanc 4810 m
Gran Paradiso 4061 m
Basel
Schokolade
Industrie
Uhren
Neuenburger See
Lausanne
Genfer See
Genf
Tessiner Alpen
Lugano
Comer See
Lago Maggiore
Fußball
Monza
Mailand
Bergamo
Brescia
Gardasee
Mode
Novara
Turin
Automobilindustrie
Po
Weizen
Weinanbau
Genua
Golf von Genua
Ligurisches Meer
Korsika (Frankreich)
Elba
Livorno
Pisa
Schiefer Turm von Pisa
Parma
Ferrari
Modena
Bologna
Reno
Ferrara
Adige
Padua
Verona
Vicenza
Venedig
Markuskirche
Mais
Trient
Industrie
Dolomiten
Marmolada 3342 m
Triest
Julische Alpen
Aluminium
LAIBACH
Save
Kartoffeln
Slowenien
Österreich
Liechtenstein
Schweiz
San Marino
Tourismus
Rimini
Ravenna
Tomaten
Florenz
Arno
Dom
Siena
Palio-Pferderennen
Trasimenischer See
Perugia
Bolsena-see
Tiber
Terni
Kolosseum
ROM
Wein
Ancona
Corno Grande 2912 m
Oliven
Pescara
Pasta
Adriatisches Meer
Gargano
Golf von Manfredonia
Foggia
0 50 100 Meilen
0 km

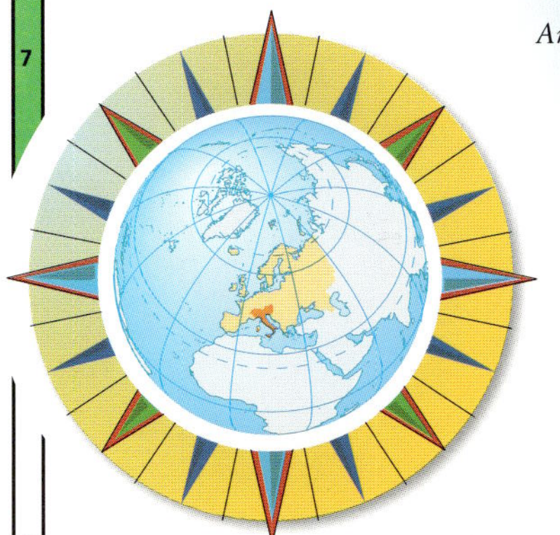

Die Alpenländer und Italien

Die Schweiz, Österreich, Liechtenstein und Slowenien – das sind die Alpenländer. Auf vielen Gipfeln der Alpen liegt das ganze Jahr über Schnee, was vor allem viele Skifahrer anlockt. Da die meisten der hohen Berge durch Seilbahnen erschlossen sind, bildet der Tourismus auch im Sommer und Herbst eine wichtige Einnahmequelle.

Auf der Südseite der Alpen liegt Italien. Die Ebenen im Norden sind die fruchtbarsten und am dichtesten besiedelten Regionen Italiens. Die Apenninen sind ein Gebirgszug, der sich in der Mitte der Halbinsel von Norden nach Süden zieht. An der Westseite des Stiefels gibt es außerdem eine Reihe von Vulkanen: vom Vesuv bei Neapel bis zum Ätna auf der Insel Sizilien. Auch die Insel Sardinien gehört zu Italien. Südlich von Sizilien liegt die Inselgruppe des Staates Malta. Innerhalb Italiens gibt es zwei unabhängige Staaten: San Marino und Vatikanstadt. Letzterer liegt auf dem Gebiet der Stadt Rom und ist der kleinste unabhängige Staat der Welt.

Die Dolomiten liegen im äußersten Norden Italiens. Sie sind mit ihren spektakulären Gipfeln ein beliebtes Ziel für Wanderer, Bergsteiger und Skifahrer.

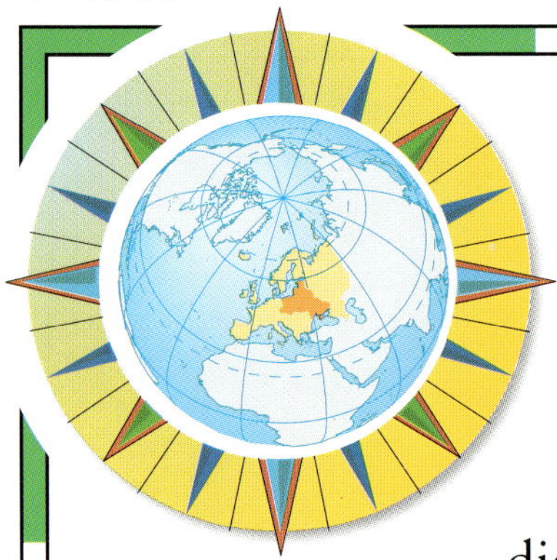

Mittel- und Osteuropa

In Mittel- und Osteuropa sind die Sommer warm und die Winter sehr, sehr kalt. In Lettland gefriert im Winter sogar das Wasser an der Küste. In den 1980er- und 1990er-Jahren haben viele Staaten in Osteuropa durch den Zusammenbruch der Sowjetunion gewaltige politische Veränderungen erfahren. Die frühere Tschechoslowakei teilte sich in die beiden unabhängigen Staaten Slowakei und Tschechische Republik. Die drei baltischen Staaten Estland, Lettland und Litauen wurden unabhängig, ebenso Weißrussland, die Ukraine und Moldawien.

Polen grenzt an sieben andere Staaten und hat außerdem noch eine eigene Küste. Im ehemals deutschen Gdansk (Danzig) im Norden Polens gibt es viele Schiffswerften.

Die Ukraine ist das zweitgrößte Land Europas. Hier wird sehr viel Weizen angebaut. Deshalb hieß die Ukraine früher auch die »Kornkammer der Sowjetunion«. Ungarns Landschaft ist vor allem durch die weiten Ebenen des Ungarischen Tieflands geprägt. Die früher verbreitete Steppe (Puszta) ist heute bis auf wenige Reste (in Naturschutzgebieten) verschwunden.

DATEN UND FAKTEN
Größte Städte Kiew 2750000 Budapest 1975000 Warschau 1900000 Minsk 1719000
Längster Fluss Donau 2858 km
Höchster Berg Gerlsdorfer Spitze 2666 m

Prag ist die Hauptstadt der Tschechischen Republik und seit dem Mittelalter ein kulturelles Zentrum Europas. Prag ist eine der schönsten Städte des Kontinents.

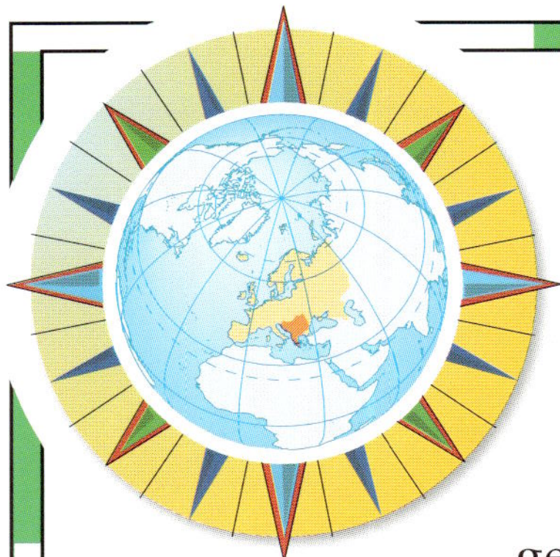

Südosteuropa

Südosteuropa ist vor allem durch seine vielen Gebirge geprägt. An ihren Hängen grasen Schafe und Ziegen, in den Tälern gedeihen Weintrauben und Getreide. Das Klima ist unterschiedlich – je nach der Gegend. Die Winter sind meist bitterkalt, besonders im Norden; im Süden sind die Winter milder und die Sommer sehr trocken und heiß. Die Küsten an der Adria, am Schwarzen Meer und am Mittelmeer, besonders aber die Inseln in der Ägäis sind sehr beliebte Feriengebiete. Den kürzesten Küstenabschnitt hat mit nur 20 Kilometern Bosnien-Herzegowina.

In den 90er-Jahren des letzten Jahrhunderts verwüstete ein grausamer Krieg diese Region. Das ehemalige Jugoslawien zerfiel in fünf Staaten: Bosnien-Herzegowina, Kroatien, Slowenien, Serbien-Montenegro und Mazedonien.

In Griechenland entstand die erste Demokratie der Weltgeschichte. Noch heute zeugen viele beeindruckende Ruinen von der griechischen Hochkultur der Antike.

Rosenblätter
ernten diese beiden jungen bulgarischen Frauen. Viele Menschen in Südosteuropa leben von der Landwirtschaft.

DATEN UND FAKTEN

Größte Städte
Athen 3 193 000
Bukarest 1 922 000
Belgrad 1 295 000

Längster Fluss
Donau 2858 km

Höchster Berg
Musala 2925 m

Die Akropolis
ist ein Felshügel im Zentrum Athens, der Hauptstadt Griechenlands. Dort befand sich in der Antike eine gewaltige Tempelanlage. Ihre Ruinen sind noch heute ein berühmter Anziehungspunkt für Touristen.

A
B
C
D
E
1
2
3
4
5
6
E U R O P A
A S I E N
Ceuta (Spanien)
Melilla (Spanien)
ALGIER
TUNIS
TUNESIEN
RABAT
MAROKKO
Madeira (Portugal)
Kanarische Inseln (Spanien)
TRIPOLIS
KAIRO
AL-AAIUN
SAHARA (von Marokko besetzt)
ALGERIEN
LIBYEN
ÄGYPTEN
MAURETANIEN
NOUAKCHOTT
MALI
NIGER
SENEGAL
DAKAR
BANJUL
GAMBIA
ERITREA
ASMARA
KHARTUM
TSCHAD
SUDAN
NIAMEY
BURKINA FASO
BAMAKO
OUAGADOUGOU
GUINEA-BISSAU
BISSAU
GUINEA
N'DJAMENA
NIGERIA
DSCHIBUTI
DSCHIBUTI
Sokotra (Jemen)
CONAKRY
FREETOWN
SIERRA LEONE
CÔTE D'IVOIRE
GHANA
TOGO
BENIN
ABUJA
ADDIS ABEBA
ÄTHIOPIEN
MONROVIA
LIBERIA
YAMOUSSOUKRO
LOMÉ
ACCRA
PORTO-NOVO
ZENTRAL-AFRIKANISCHE REPUBLIK
KAMERUN
BANGUI
SOMALIA
MALABO
JAUNDE
ÄQUATORIAL-GUINEA
MOGADISCHU
SÃO TOMÉ
SÃO TOMÉ UND PRÍNCIPE
LIBREVILLE
GABUN
KONGO
UGANDA
KAMPALA
KENIA
DEMOKRATISCHE REPUBLIK KONGO
RUANDA
KIGALI
NAIROBI
BURUNDI
BUJUMBURA
BRAZZAVILLE
KINSHASA
SEYCHELLE
CABINDA (ANGOLA)
DODOMA
TANSANIA
Ascension (Großbritannien)
LUANDA
Aldabra (Seychellen)
KOMOREN
MORONI
ANGOLA
MALAWI
Mayotte (Frankreich)
SAMBIA
LILONGWE
LUSAKA
MOSAMBIK
St. Helena (Großbritannien)
HARARE
SIMBABWE
ANTANANARI
MADAGASKAR
NAMIBIA
MAURI
WINDHUK
BOTSUANA
Réuni (Frankr
GABORONE
MAPUTO
PRETORIA
MBABANE
SWASILAND
0
1000
2000 km
0
500
1000 Meilen
LESOTHO
BLOEMFONTEIN
MASERU
SÜD-AFRIKA
KAPSTADT

Grünes Land
Während der Regenzeit wächst saftiges Gras in der Savanne Kenias. Jetzt finden unzählige Wildtiere wie Gazellen, Giraffen oder Löwen hier Nahrung im Überfluss.

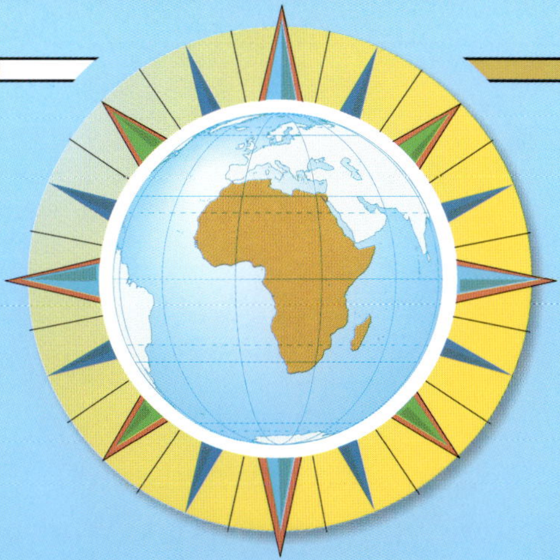

AFRIKA

Afrika ist der zweitgrößte Kontinent. Er nimmt ein Fünftel der gesamten Landmasse der Erde ein und ist fast ganz von Wasser umgeben. Nur die schmale Landbrücke bei Suez in Ägypten verbindet Afrika mit Asien. Vom Weltraum betrachtet, sieht es aus, als sei Afrika in drei breite Bänder geteilt. Der Norden wird hauptsächlich von der Sahara bedeckt – der größten Wüste der Erde. Das mittlere Band liegt am Äquator; dort erstrecken sich tropisches Grasland (Savanne) und der Regenwald. In der Savanne leben die meisten der afrikanischen Großwildtiere – z. B. Elefanten, Nashörner, Löwen und Leoparden. Weiter südlich wird das Land wieder trockener.
Im Osten des Kontinents verläuft das Ostafrikanische Grabensystem – ein gewaltiger Spalt in der Erdoberfläche, der insgesamt über 6000 Kilometer lang ist.

Über 50 unabhängige Nationen gibt es heute in Afrika; die unterschiedlichsten Völker und Kulturen sind hier zu Hause.

Lebensader Ägyptens
Der Nil entspringt in Ostafrika und fließt durch Ägypten dem Mittelmeer entgegen. Schon seit mehr als 5000 Jahren wird er von den Menschen als Transportweg genutzt.

Afrikas Kinder
haben es oft nicht so gut wie die Kinder in Europa oder Nordamerika. In vielen Gegenden fehlen nicht nur Schulen, sondern auch Nahrung.

Nordafrika

Weite Gebiete Nordafrikas sind trockenes Ödland. Nur wenige Menschen leben dort. Die Sahara, eine der heißesten Gegenden der Welt, erstreckt sich über acht Millionen Quadratkilometer. Am Rande der Wüste im Nordwesten liegt das Atlas-Gebirge. In Algerien, Marokko und Tunesien, den Ländern dieser Region, fällt mehr Regen, und an der Mittelmeerküste gibt es fruchtbares Land. Südlich der Sahara, in der Sahel-Zone, ist das Klima ebenfalls extrem trocken. Östlich der Sahara liegt das fruchtbare Niltal. Ein Großteil der Einwohner Ägyptens lebt hier. Die Hauptstadt von Ägypten ist Kairo.

Viele Staaten in Westafrika sind vom tropischen Regenwald geprägt. Die Region ist außerdem sehr reich an Bodenschätzen. Hier beginnen sich Industriezweige zu entwickeln, um die Bodenschätze abzubauen und zu verwerten. Leider gibt es immer wieder Bürgerkriege, die den Aufbau der Länder erschweren.

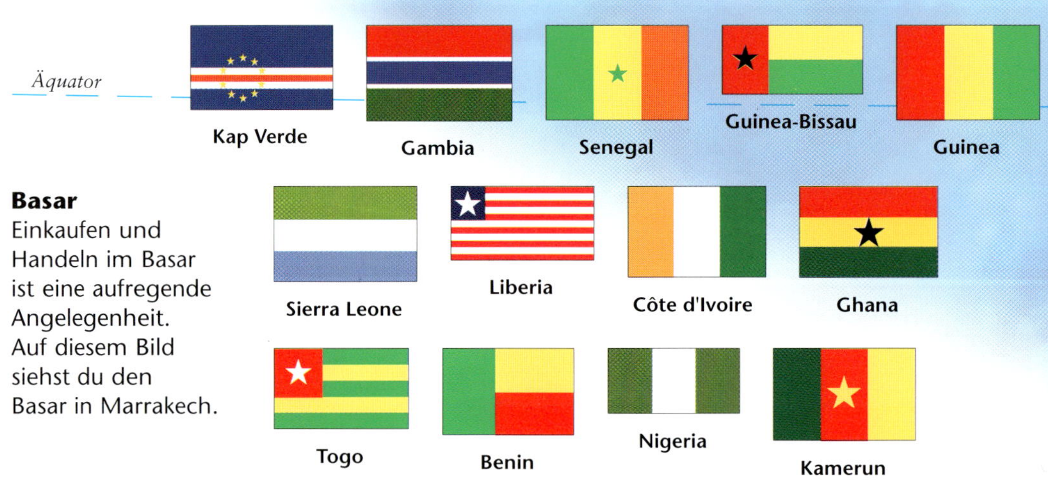

Basar
Einkaufen und Handeln im Basar ist eine aufregende Angelegenheit. Auf diesem Bild siehst du den Basar in Marrakech.

DATEN UND FAKTEN

Größte Städte
Kairo 11 568 000
Lagos 10 878 000

Längster Fluss
Nil 6670 km. Der Nil ist der längste Fluss der Erde.

Höchster Berg
Ras Daschan 4620 m

Größter See
Tschadsee: wechselt zwischen 10 000 und 25 000 km² innerhalb eines Jahres

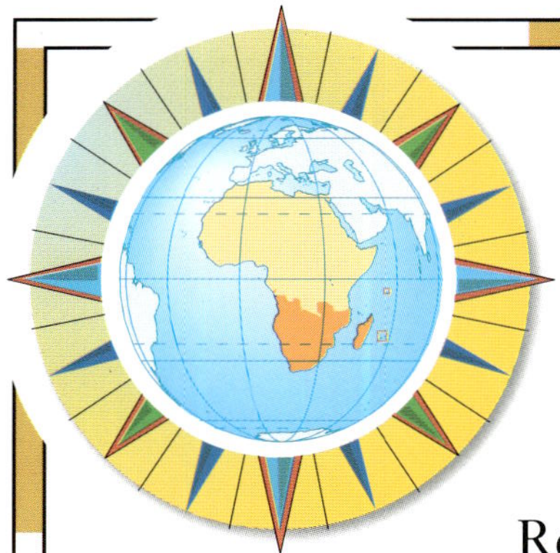

Zentral- und Südafrika

Regenwald beherrscht noch immer weite Teile Zentralafrikas; doch auch hier werden die Regenwälder kleiner, weil sehr viele Bäume für den Holzexport gefällt werden. Im Osten erstrecken sich weite Savannen. Dort leben die berühmten afrikanischen Großwildtiere – und jedes Jahr kommen viele Touristen, um sie zu sehen.

Eine Kette von Vulkanen bildet die Grenze zwischen Ruanda, Uganda und der Demokratischen Republik Kongo. Weiter südlich schließt sich eine Hochebene an. Viele Flüsse dort haben gewaltige Wasserfälle; berühmt sind die Victoria-Fälle an der Grenze zwischen Sambia und Simbabwe. Namibia und Botsuana sind durch große Wüsten geprägt: die Namib-Wüste und die Kalahari. In Südafrika, dem bei weitem reichsten Land Afrikas, gibt es große Vorkommen an Gold und Diamanten.

Der Kilimandscharo liegt in Tansania und ist mit 5895 m der höchste Berg Afrikas. Sein majestätischer Gipfel ist das ganze Jahr über von Schnee bedeckt.

DATEN UND FAKTEN

Größte Städte
Kinshasa 4 655 000
Kapstadt 2 350 000
Nairobi 2 143 000

Höchster Berg
Kilimandscharo 5895 m

Größte Seen
Victoriasee 69 500 km²
Tanganjikasee 32 900 km²

Längster Fluss
Kongo 4700 km

INDISCHER OZEAN
MADAGASKAR
ANTANANARIVO
Mahajanga
Katta
Chamäleon
Zuckerrohr
Quastenflosser
Madagaskar
Straße von Mosambik
KOMOREN
MORONI
Njazidja
Nzwani
Mwali
Mayotte (Frankreich)
Aldabra (Seychellen)
Komoren
Tansania
Daressalam
Mafia
Rufiji
Rovuma
Schnitzer
TANSANIA
Gnu
Tee
Baumwolle
Nampula
Mais
Malawi
Simbabwe
Mosambik
MOSAMBIK
Beira
Obst
Maputo
MAPUTO
MBABANE
SWASILAND
Swasiland
Lesotho
Pietermaritzburg
Durban
East London
Port Elizabeth
Elefanten
Drakensberge
MASERU
LESOTHO
BLOEMFONTEIN
SÜDAFRIKA
Kimberley
Johannesburg
PRETORIA
Gold
GABORONE
Limpopo
Boomslang
Tabak
Bulawayo
SIMBABWE
Mutare
HARARE
Kariba-staudamm
Victoriafälle
Karibasee
LUSAKA
Sambesi
Blantyre
LILONGWE
MALAWI
Njassasee
Mbeya
Tanganjikasee
Mweru-see
Bangweulu-see
Mais
Lubumbashi
Ndola
Kitwe
Likasi
Kobalt
Kupfer
SAMBIA
Nashorn
Mbuji-Mayi
Hyänen
Diamanten
ANGOLA
Cuango
Cuanza
Kaffee
Erdöl
LUANDA
Hochland von Bié
Fischmarkt
Lubango
Huila
Cuando
Zebra
Cubango
Caprivi-Zipfel
Okavangobecken
BOTSUANA
Löwe
Kalahari
Kupfer
Etoschapfanne
Ovamboland
NAMIBIA
Damaraland
WINDHUK
Rinder
Namaqualand
Namib
Oranje
Vaal
Springbock
Große Karroo
Weinanbau
Kap Agulhas
KAPSTADT (CAPE TOWN)
Kap der Guten Hoffnung
Parlament
ATLANTIK
600 km
300 Meilen
MAURITIUS
PORT LOUIS
Beau Bassin
Tourismus
Mauritius
Réunion (Frankreich)
St.-Denis
St.-Philippe
INDISCHER OZEAN
Gabun
Angola
Sardinen
Sambia
Namibia
Botsuana
Südafrika

Sewernaja Semlja
Neusibirische Inseln
R U S S L A N D
EUROPA
ASTANA
KASACHSTAN
ULAN BATOR
MONGOLEI
Sachalin
Hokkaido
JAPAN
Honshu
TOKIO
USBEKISTAN
BISCHKEK
KIRGISISTAN
TASCHKENT
TADSCHIKISTAN
DUSCHANBE
TURKMENISTAN
ASCHCHABAD
GEORGIEN
TIFLIS
ARMENIEN
JEREWAN
BAKU
ASERBAIDSCHAN
ANKARA
TÜRKEI
ZYPERN
LEFKOSIA
LIBANON
SYRIEN
DAMASKUS
BEIRUT
JERUSALEM
ISRAEL
AMMAN
JORDANIEN
BAGDAD
IRAK
TEHERAN
IRAN
KUWAIT
KABUL
AFGHANISTAN
ISLAMABAD
PAKISTAN
PEKING (BEIJING)
CHINA
NORD-KOREA
PJONGJANG
SEOUL
SÜD-KOREA
MANAMA
BAHRAIN
DOHA
KATAR
RIAD
OMAN
ABU DHABI
VER. ARABISCHE EMIRATE
MASKAT
SAUDI-ARABIEN
OMAN
SANA
JEMEN
Socotra (Jemen)
NEU-DELHI
NEPAL
KATMANDU
BHUTAN
THIMBU
BANGLADESCH
DHAKA
INDIEN
Nansei-Inseln
TAIPEH
TAIWAN
MYANMAR (BIRMA)
HANOI
LAOS
VIENTIANE
Hainan
RANGUN (YANGON)
Luzon
MANILA
VIETNAM
BANGKOK
KAMBODSCHA
PHNOM PENH
PHILIPPINEN
Lakkadiven (Indien)
Andamanen (Indien)
Nikobaren (Indien)
Mindanao
COLOMBO
SRI LANKA
SRI JAYAWARDENEPURA (KOTTE)
MALE
MALEDIVEN
BRUNEI
BANDAR SERI BEGAWAN
MALAYSIA
KUALA LUMPUR
SINGAPUR
SINGAPUR
Borneo
Sumatra
Celebes
Molukken
PAPUA
INDONESIEN
JAKARTA
DILI
OSTTIMOR
Java
AFRIKA
AUSTRALIEN

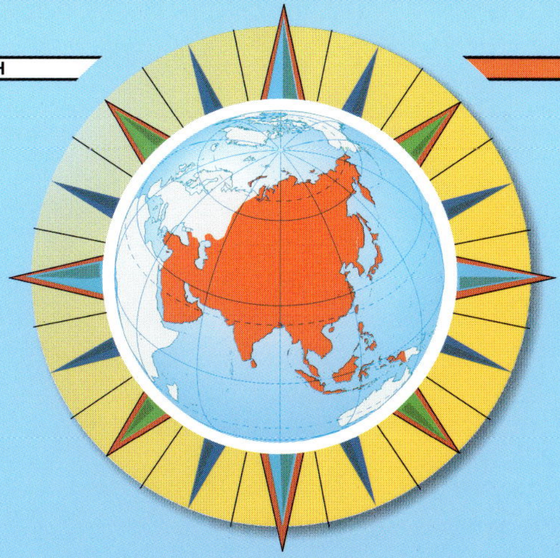

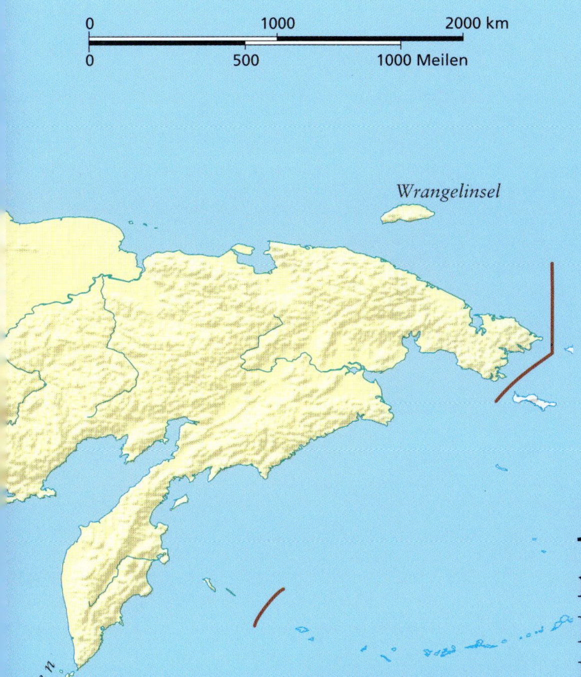

ASIEN

Asien ist der größte Kontinent. Es bedeckt ungefähr 35 Prozent der Erdoberfläche und mehr als die Hälfte aller Menschen lebt in Asien. Es erstreckt sich von der Türkei und dem Uralgebirge in Russland im Westen bis zum Pazifik im Osten und vom Nordpolarmeer im Norden bis zu den tropischen Inseln Indonesiens im Süden. Es finden sich die unterschiedlichsten Landschaftstypen: Der höchste Gipfel der Erde, der Mount Everest im Himalaya, ist immer schneebedeckt; in der Mitte des Kontinents erstrecken sich riesige Steinwüsten, im Norden eisige Steppen. Der Baikalsee in Russland, der tiefste See der Erde, gehört ebenso zu Asien wie die großen Flüsse Jangtsekiang (China) und Ganges (Indien).

Russland, China und Indien sind die drei größten Staaten Asiens. Aber auf diesem Kontinent ist eine Vielzahl von Menschen unterschiedlichster Kultur, Sprache und Lebensstils zu Hause. Es finden sich hier die ärmsten Gegenden der Welt ebenso wie sehr reiche Großstädte.

Das Dach der Welt
Der Himalaya ist der höchste Gebirgszug der Welt. Er erstreckt sich über 2400 Kilometer. Schnee und Gletscher bedecken die meisten seiner Gipfel das ganze Jahr über.

Buddhismus
Millionen von Menschen in Asien gehören dem buddhistischen Glauben an. In Myanmar (Birma) ist er die am weitesten verbreitete Religion. Auch Kinder, so wie dieses Mädchen, können schon Nonne oder Mönch werden.

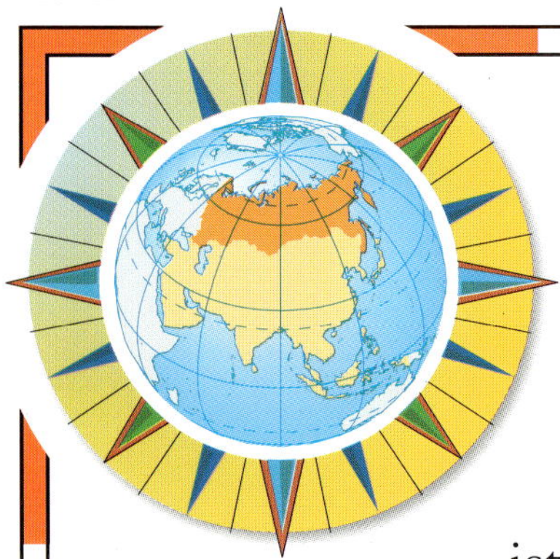

Russland

Russland ist das größte Land der Welt. Die am dichtesten besiedelte Region ist der europäische, westlich des Uralgebirges gelegene Teil Russlands. Birken- und Nadelwälder und der Fluss Wolga prägen hier das Landschaftsbild.

Östlich des Urals erstreckt sich im asiatischen Teil Russlands das größte Nadelwaldgebiet der Welt, die Taiga. Im Norden liegt die Tundra; dort wachsen wegen des rauen Klimas nur Flechten, Moose, Zwergsträucher und Gräser.

Das heutige Russland entstand 1991 nach dem Zusammenbruch des kommunistischen Systems und dem Ende der Sowjetunion. Viele Länder, die früher zur Sowjetunion gehört hatten, wurden nun unabhängige Staaten.

Der Winterpalast der russischen Zaren in St. Petersburg wurde 1732 erbaut.

DATEN UND FAKTEN

Größte Städte
Moskau 9107000
St. Petersburg 4700000

Längster Fluss
Jenissej-Angara 5540 km

Größter See
Baikalsee 30500 km². Er ist der tiefste Süßwassersee der Erde.

Höchster Berg
Elbrus 5642 m, im europäischen Teil Russlands gelegen (höchster Berg Europas)

Wladiwostok liegt im Fernen Osten an der Hafenbucht Goldenes Horn und ist der größte Pazifikhafen Russlands.

Westasien

Die drei Kontinente Europa, Asien und Afrika grenzen in Westasien aneinander. Die Region wird häufig auch als Naher Osten bezeichnet. Der Nahe Osten ist die »Wiege« der menschlichen Zivilisation: Im Zweistromland zwischen Euphrat und Tigris entstanden vor 5500 Jahren die ersten Hochkulturen.

Im Norden wird Westasien von Gebirgen, dem Schwarzen Meer und dem Kaspischen Meer begrenzt, im Westen liegt das Mittelmeer, weiter südlich das Rote Meer, das Arabische Meer und der Indische Ozean. Das Land um die Flüsse Euphrat und Tigris ist fruchtbar, doch der größte Teil Westasiens besteht aus Wüsten mit heißem, trockenem Klima. Die Große Arabische Wüste gehört zu den unwirtlichsten Gegenden der Erde.

Drei Weltreligionen haben ihren Ursprung im Nahen Osten: das Judentum, das Christentum und der Islam. Die großen Erdöl- und Erdgasvorkommen haben einige Länder sehr reich gemacht. In der Region wird ein Drittel der gesamten Erdölfördermenge produziert.

Die Religion und das Erdöl sind aber auch der Hauptgrund für Krieg und Terror, die seit Jahrzehnten hier herrschen. Besonders der Konflikt zwischen Israel und den Palästinensern, der seit der Gründung des Staates Israel im Jahr 1948 andauert, hat schon unzählige Opfer gefordert. Ein Ende der Gewalt ist nicht abzusehen.

DATEN UND FAKTEN

Größte Städte
Istanbul 9413000
Teheran 8900000
Bagdad 4478000

Längster Fluss
Euphrat 2700 km

Höchster Berg
Demawend 5618 m

Älteste Stadt
Damaskus, die Hauptstadt Syriens, ist etwa 4500 Jahre alt und damit die älteste noch bewohnte Stadt der Erde.

Istanbul ist eine der schönsten und lebendigsten Städte der Türkei. Hier gibt es viele berühmte Moscheen, wie z.B. die Moschee des Sultans Süleiman II., die um 1550 erbaut wurde.

Kaukasus
Georgien
Tee
GEORGIEN
Kasbek 5047 m
TIFLIS
Bergbau
Tabak
Weizen
ARMENIEN
JEREWAN
ASERBAIDSCHAN
ASERBAIDSCHAN
Elektronik
Stör
BAKU
Erdöl-bohrinsel
KASACHSTAN
Armenien
Aserbaidschan
USBEKISTAN
TURKMENISTAN
Weinanbau
Vansee
Angora-ziegen
Urmja-see
Täbris (Tabritz)
Kaspisches Meer
Baumwolle
Demawend 5681 m
Elburs
Weizen
Meschhed (Mashhad)
Mosul
SYRIEN
Erdöl
Krak des Chevaliers
Große Moschee von Samarra
Teppichknüpfer
TEHERAN
Industrie
Qom
Große Salzwüste
Schafe
Iran
Weizen
Samarra
MASKUS
IRAK
Industrie
Erdöl
IRAN
AFGHANISTAN
Syrische Wüste
BAGDAD
Medresse-ye Chahar Bagh
Isfahan
DANIEN
Schafe
Industrie
Ahwas
Tigris
Zagros
Lut
Euphrat
Beduinen
Stein-adler
Basra
Persepolis
Weizen
Zahedan
PAKISTAN
KUWAIT
KUWAIT
Wasser-türme
Industrie
Schiras
gebirge
Nefud
Erdöl
Erdgas
Persischer Golf
Erdöl
Datteln
Straße von Hormus
Wüsten-springmaus
Ad-Dahna
BAHRAIN
OMAN
Kamel-rennen
MANAMA
Dubai
Erdöl
Erdgas
DOHA
Erdöl-bohrinsel
KATAR
Erdöl
Golf von Oman
Bahrain
Medina
RIAD
ABU DHABI
MASKAT
VER. ARABISCHE EMIRATE
Bananen
Katar
Große Moschee von Mekka
Riad
Erdölraffinerie
Erdöl
iddah
Mekka
SAUDI-ARABIEN
OMAN
Masirah
Vereinigte Arabische Emirate
Datteln
Asir
Große Arabische Wüste (Rub al-Khali)
Spieß-bock
Erdöl
Datteln
Sardinen
Meer
Abha
Schafe
Salalah
JEMEN
Oman
Jemen
SANA
Weizen
Erdöl
Kaffee
Hadramaut
Öltanker
INDISCHER OZEAN
HIOPIEN
REA
Baumwolle
Bab al Mandab
Ta'izz
Golf von Aden
Aden
0
400
800 km
0
200
400 Meilen
H
I
J
F
1
2
3
4
5
6

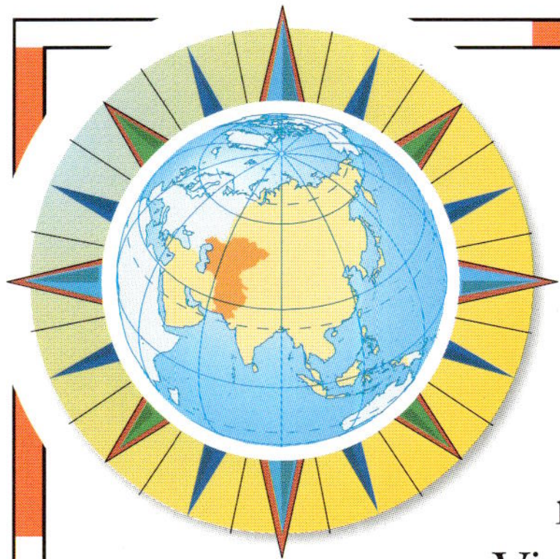

Zentralasien

Zentralasien ist eine gebirgige Region mit Felswüsten und fruchtbaren Ebenen. Viele Länder haben keine Meeresküste; weil die Region so weit weg vom Meer liegt, ist das Klima eher trocken.

Es gibt hier viele Süßwasserseen, deren Zuflüsse zur Bewässerung von Feldern genutzt werden. Dies führte zu teils katastrophalen Folgen für die Umwelt: So ist etwa der einst mächtige Aralsee heute auf weniger als die Hälfte seiner früheren Größe ausgetrocknet, weil man den Flüssen, die in ihn münden, viel Wasser für Plantagen entnimmt.

Durch Pakistan fließt der mächtige Indus-Strom, an dessen Ufern man sehr fruchtbares Land findet. Im Südwesten des Landes jedoch gibt es große Wüstengebiete. Pakistan ist immer wieder von fremden Völkern angegriffen und beherrscht worden. Doch auch viele friedliche Siedler kamen in das Land. Die rassisch stark gemischte Bevölkerung Pakistans zeugt von dieser wechselvollen Geschichte.

In Afghanistan
leben noch viele Menschen als Nomaden von der Ziegen- und Schafzucht. Sie wohnen in schnell auf- und abbaubaren Zelten, die man Jurten nennt.

DATEN UND FAKTEN

Größte Städte
Karachi 9 270 000
Lahore 5 064 000

Längster Fluss
Indus 2900 km

Höchster Berg
K2 8611 m

Größte Seen
Kaspisches Meer
371 800 km², größter See der Erde
Der Aralsee, einst 66 000 km² groß, schrumpfte auf die Hälfte dieser Größe.

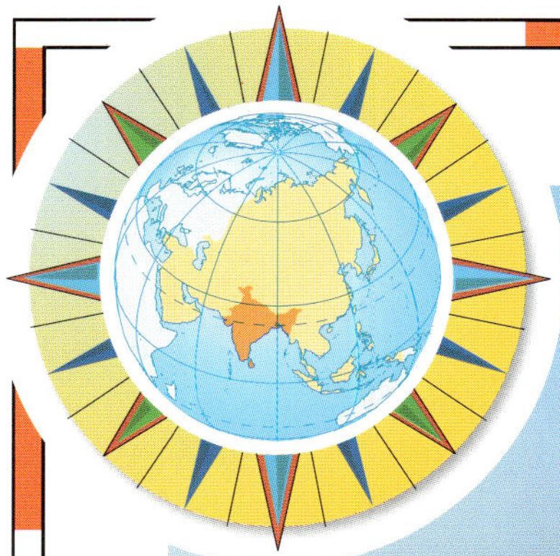

Der Ganges ist der heilige Fluss der Hindus. Tausende Pilger ziehen jedes Jahr an seine Ufer, um in dem Wasser zu baden. An verschiedenen Stellen wurden Treppen angelegt, damit die Menschen leichter in den Fluss steigen können.

Südasien

Zu Südasien zählen die Länder Indien, Nepal, Bhutan, Bangladesch und Sri Lanka. Im Norden liegt der Himalaya, die Gebirgskette mit den höchsten Bergen der Welt – darunter auch der Mount Everest, der höchste Berg der Erde. Viele Gipfel sind das ganze Jahr über von Schnee bedeckt, die meisten Einwohner Nepals und Bhutans leben daher in den Tälern am Südhang des Gebirgszugs.

Bangladesch dagegen ist ein flaches Land. Hier münden die mächtigen Ströme Ganges und Brahmaputra ins Meer. Der jährliche Monsun-Regen lässt die Flüsse anschwellen und verursacht immer wieder große Überschwemmungen.

In Indien gibt es weite, fruchtbare Hochlandebenen. Weit über die Hälfte der Bevölkerung lebt von Ackerbau und Viehzucht. Es gibt aber auch viel Großindustrie und riesige Städte, in denen Millionen Menschen wohnen.

Sri Lanka ist ein Inselstaat südlich von Indien mit wunderschönen Stränden. Eine der Haupteinnahmequellen ist der Teeanbau.

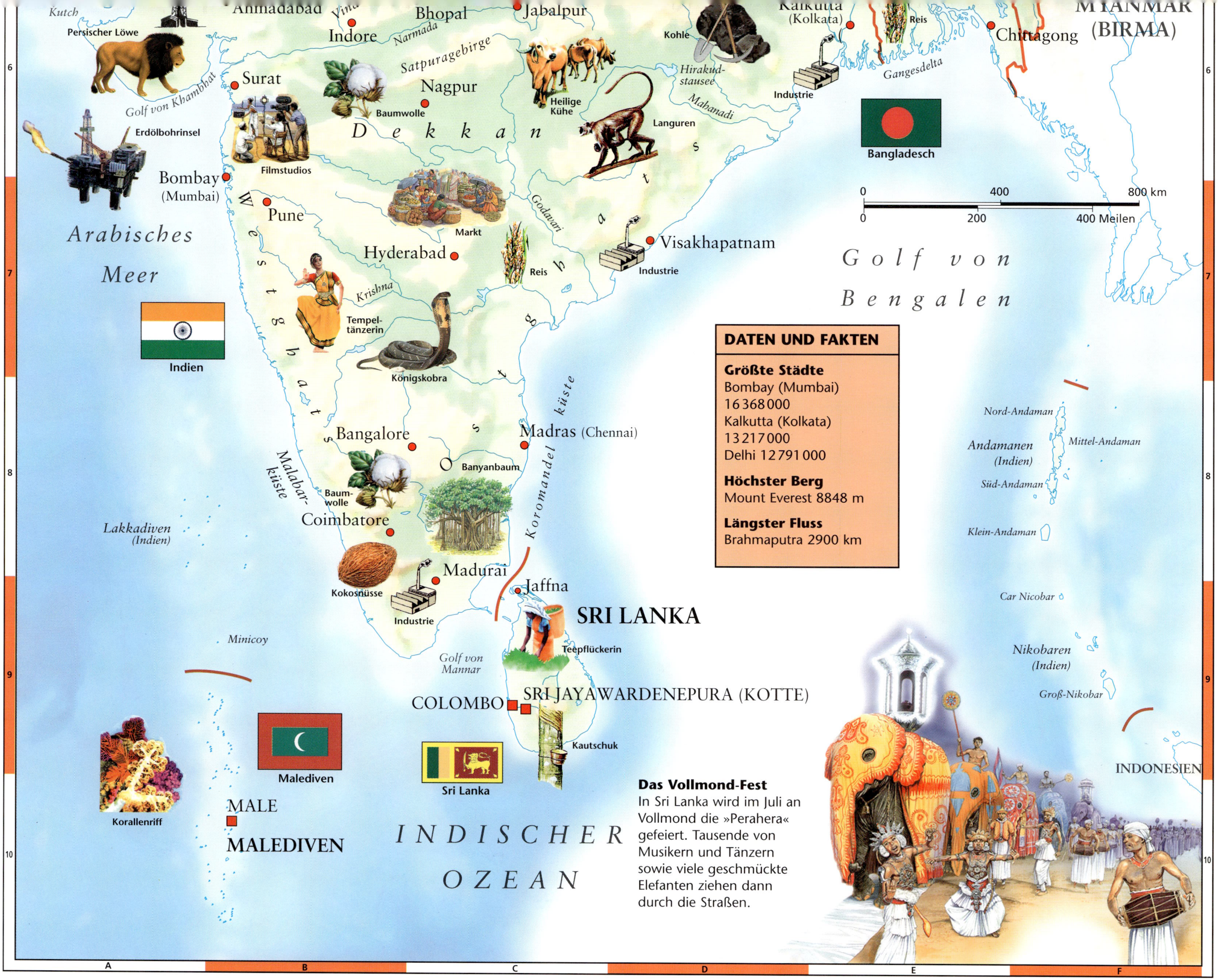

DATEN UND FAKTEN

Größte Städte
Bombay (Mumbai)
16 368 000
Kalkutta (Kolkata)
13 217 000
Delhi 12 791 000

Höchster Berg
Mount Everest 8848 m

Längster Fluss
Brahmaputra 2900 km

Das Vollmond-Fest
In Sri Lanka wird im Juli an Vollmond die »Perahera« gefeiert. Tausende von Musikern und Tänzern sowie viele geschmückte Elefanten ziehen dann durch die Straßen.

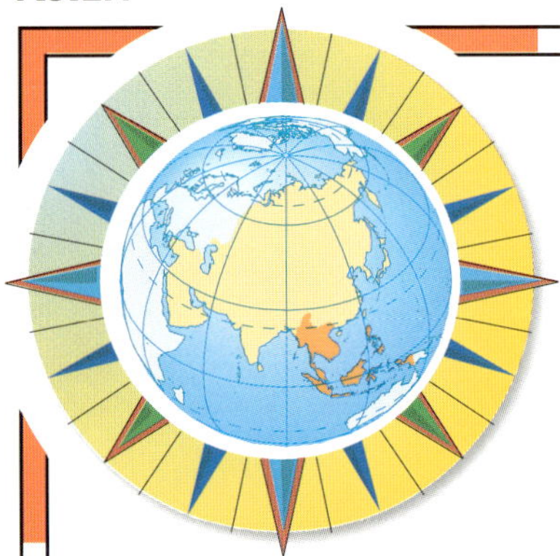

DATEN UND FAKTEN

Größte Städte
Jakarta 12 435 000
Manila 10 492 000
Bangkok 7 642 000

Längster Fluss
Mekong 4350 km

Höchster Berg
Hkakabo Razi 5881 m

Zahl der Inseln
Mehr als 27 000

Reis
wird in Südostasien in riesigen Mengen angebaut. In manchen Gegenden gibt es sogar zwei Reisernten im Jahr.

Südostasien

Die Staaten Südostasiens liegen am Äquator. Das Klima dort ist feucht-heiß. Es gibt sowohl hohe Gebirge als auch dichte Urwälder mit vielen Tieren und Pflanzen. In den fruchtbaren Tälern des Irawadi und des Mekong wird Reis angebaut.

Indonesien besteht aus fast 14 000 Inseln, aber nur weniger als 6000 davon sind bewohnt. Zum Staatsgebiet der Philippinen gehören ungefähr 7000 Inseln.

Borneo ist die drittgrößte Insel der Erde. Ihr nördlicher Teil gehört zu Malaysia, ihr südlicher Teil zu Indonesien. Ebenfalls auf Borneo liegt der kleine Staat Brunei. Aufgrund seiner Erdöl- und Erdgasvorkommen ist er eines der reichsten Länder weltweit.

Pfahlbauten
Weil es in Kambodscha häufig Überschwemmungen gibt, errichten viele Menschen ihre Häuser auf Pfählen. Die Wände bestehen aus Bambusrohr, Holz oder Palmzweigen.

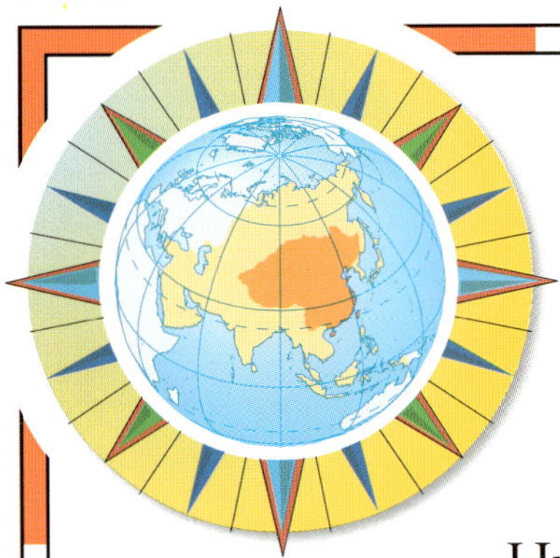

Ostasien

China ist das viertgrößte Land der Erde und hat die meisten Einwohner – ein Fünftel der Weltbevölkerung. Gewaltige Ströme wie der Huang He und der Jangtsekiang durchfließen fruchtbare Ebenen. In der Gebirgsregion im Südwesten lebt der Pandabär. Er ernährt sich vom Bambus, der dort wächst. Die Wüste Gobi im Norden reicht bis in die Mongolei.

Hongkong, eines der großen Finanzzentren der Welt, gehörte bis 1997 zu Großbritannien. Heute steht es wieder unter chinesischer Verwaltung.

Taiwan ist ein gebirgiges Land. Die meisten Einwohner leben im Westen der Insel.

DATEN UND FAKTEN

Größte Städte
Shanghai 9 537 000
Peking 7 336 000
Hongkong 6 930 000

Längster Fluss
Yangtsekiang 6300 km

Höchster Berg
Mount Everest 8848 m. Er ist der höchste Berg der Erde.

Temperaturen in der Wüste Gobi
höchste: 45 °C; niedrigste: –40 °C

Die Chinesische Mauer ist fast 3500 Kilometer lang und damit das größte Bauwerk auf der Erde. Errichtet wurde sie zum Schutz gegen feindliche Angriffe.

F
G
H
J
I
0
500
1000 km
250
500 Meilen
S S L A N D
Mongolei
China
Taiwan
MONGOLEI
ULAN BATOR
Chövsgöl Nuur
Nutzholz
Selenga
Yak
Industrie
Bergbau
Jurte
Kohle
Schafe
Sajnschand
Ziegen
Trampeltier
Przewalskipferde
Gobi
Bergbau
Chinesische Mauer
Qilian Shan
Qinghai Hu
Xining
Lanzhou
Goldfasan
Huang He
Jalunkiang
Lancang Jiang (Mekong)
Jinsha-Jiang
CHINA
Ordos
Himmelstempel
Peking (BEIJING)
Stahlindustrie
Taiyuan
Kohle
Terrakotta-armee
Xi'an
Zhengzhou
Weizen
Tabak
Alligator
Nanjing
Shanghai
Industrie
Wasserkraftwerk
Jangtsekiang
Wuhan
Chengdu
Rotes Becken
Pandabär
Reis
Chongqing
Tee
Nanchang
Changsha
Poyang Hu
Gan Jiang
Baumwolle
Seide
Industrie
Fuzhou
Reis
Guiyang
Reis
Nutzholz
Mais
Kunming
Roter Fluss
Kohle
MYANMAR
(BIRMA)
VIETNAM
Textilien
Kanton (Guangzhou)
Hongkong
Nanning
Nutzholz
Erdgas
Golf von Tongking
Hainan
Erdölbohrinsel
Südchinesisches Meer
PHILIPPINEN
Luzonstraße
TAIPEH (TAIPEI)
Industrie
TAIWAN (Formosa)
Gaoxiong (Kaohsiung)
Formosastraße
Fischerei
Ostchinesisches Meer
Gelbes Meer
Tsingtau (Qingdao)
Jinan
Huang He
Tianjin
Bo Hai
Tangshan
Dalian
NORD-KOREA
SÜD-KOREA
Koreastraße
JAPAN
Japanisches Meer
Jalu
Nutzholz
Rinder
Liao He
Shenyang
Fushun
Industrie
Changchun
Soja
Sibirischer Tiger
Mandschurei
Harbin
Industrie
Bergbau
Erdöl
Qiqihar
Großer Chingan
Hulun Nur
Argun
Amur
Schafe
Nenjiang
Kleiner Chingan
Kohle
Sungari
Weizen
Ussuri
Chankasee

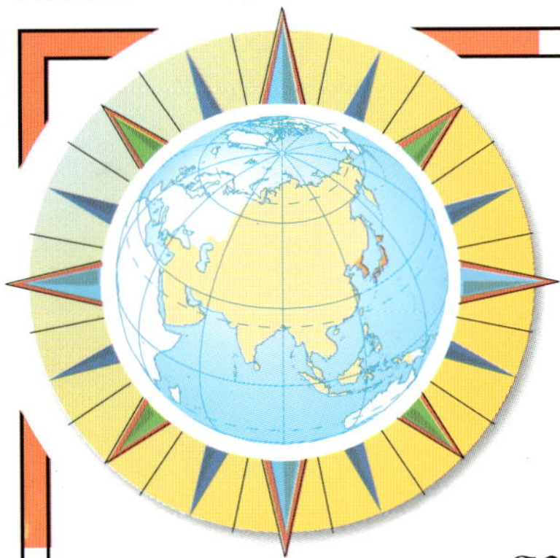

Japan, Nordkorea, Südkorea

Raue Gebirgszüge erstrecken sich über die Inseln Japans. Die größten und bevölkerungsreichsten Inseln sind Honshu, Hokkaido, Kyushu und Shikoku. Einige sind aktive Vulkane; ganz Japan liegt in einer erdbebengefährdeten Zone. Der Fujisan ist der größte Vulkan und die höchste Erhebung Japans. Sein bisher letzter Ausbruch war im Jahr 1707.

Die meisten Japaner leben in den großen Städten entlang den Küsten. Trotzdem sind sie ein sehr naturliebendes Volk und feiern die Natur mit vielen Festen und Zeremonien.

Im Norden ist das Klima kühl, die Winter schneereich. Weiter im Süden ist es milder; dort sind die Sommer feucht und heiß. Im September fegen die Taifunstürme übers Land.

Nord- und Südkorea sind zwei voneinander unabhängige Staaten. Sie liegen auf einer Halbinsel, die ins Japanische Meer ragt und ebenfalls sehr gebirgig ist. Im Norden ebenso wie im Süden sind die Winter kalt und schneereich, die Sommer heiß und feucht.

Nordkorea treibt nur wenig Handel mit anderen Ländern; Südkorea dagegen exportiert Waren in die ganze Welt.

Traditionelle Kampfsportarten sind in Japan und den koreanischen Staaten sehr beliebt. Kendo ist ein Fechtsport, der seine Ursprünge in der Ausbildung der Samurai-Krieger Japans hat.

DATEN UND FAKTEN

Größte Städte
Tokio 29 950 000
Tokio ist die größte Stadt der Erde.
Seoul 14 250 000
Osaka 14 190 000

Zahl der Erdbeben
Zwischen 800 und 1000 jährlich

Zahl der Vulkane
Japan hat mehr als 200 Vulkane. Die meisten sind erloschen, aber 77 Vulkane sind noch aktiv.

Höchster Berg
Fujisan 3776 m

Die japanische Teezeremonie hat ihren Ursprung in den Riten des Zen-Buddhismus. Jeder Handgriff hat eine spezielle Bedeutung.

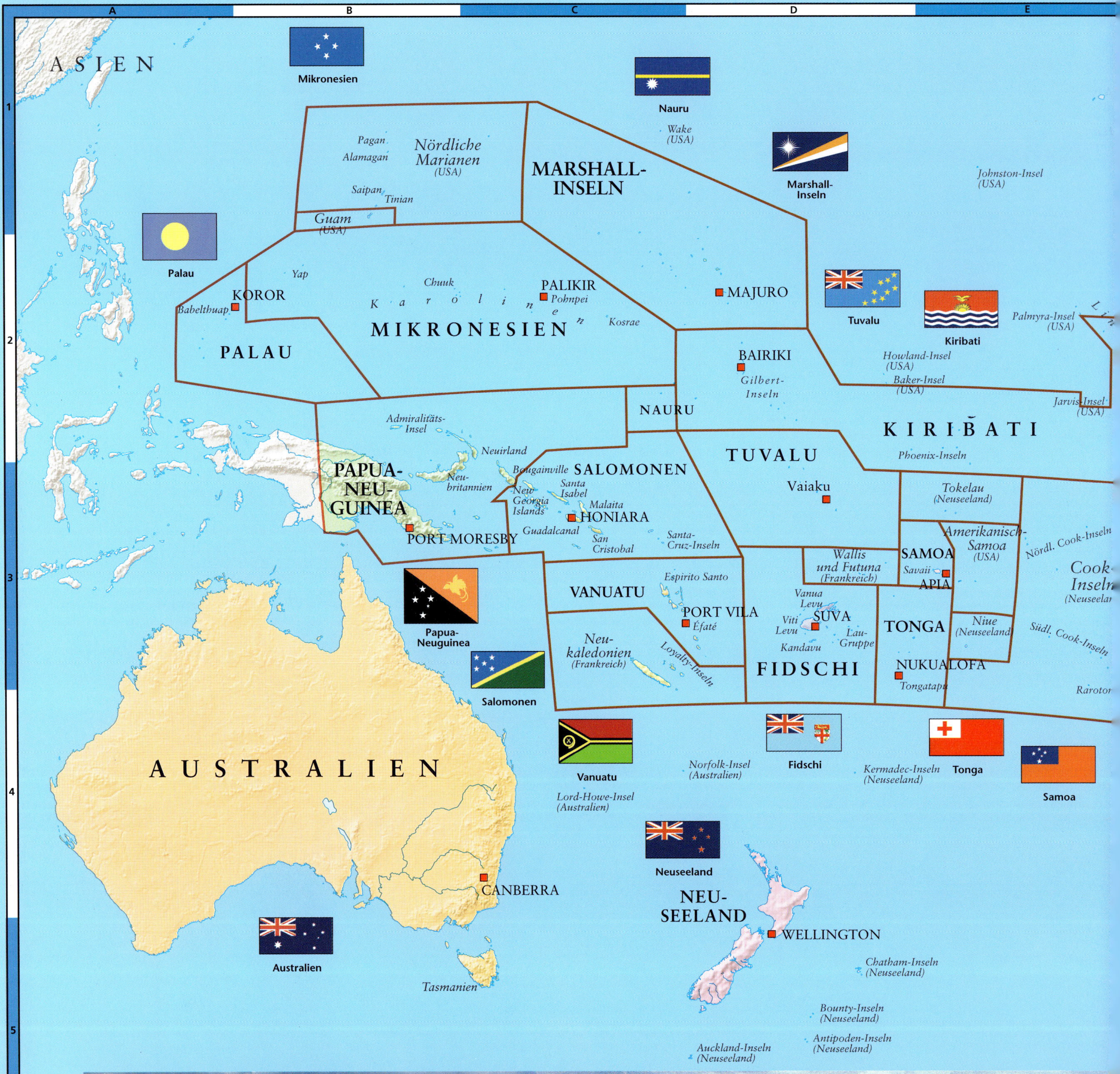

A
B
C
D
E
1
2
3
4
5
6
ASIEN
Mikronesien
Nauru
Wake (USA)
Marshall-Inseln
Johnston-Insel (USA)
Pagan
Alamagan
Nördliche Marianen (USA)
Saipan
Tinian
Guam (USA)
MARSHALL-INSELN
Palau
Yap
KOROR
Babelthuap
Chuuk
PALIKIR
Pohnpei
Karoline
Kosrae
MIKRONESIEN
MAJURO
Tuvalu
Kiribati
Palmyra-Insel (USA)
PALAU
BAIRIKI
Gilbert-Inseln
Howland-Insel (USA)
Baker-Insel (USA)
Jarvis-Insel (USA)
NAURU
KIRIBATI
Admiralitäts-Insel
Neuirland
PAPUA-NEU-GUINEA
Neu-britannien
Bougainville
SALOMONEN
TUVALU
Phoenix-Inseln
Santa Isabel
Neu Georgia Islands
Malaita
HONIARA
Vaiaku
Tokelau (Neuseeland)
PORT MORESBY
Guadalcanal
San Cristobal
Santa-Cruz-Inseln
Amerikanisch-Samoa (USA)
Wallis und Futuna (Frankreich)
SAMOA
Savaii
APIA
Nördl. Cook-Inseln
Cook-Inseln (Neuseeland)
Espirito Santo
Papua-Neuguinea
VANUATU
PORT VILA
Éfaté
Vanua Levu
Viti Levu
SUVA
Lau-Gruppe
Kandavu
TONGA
Niue (Neuseeland)
Südl. Cook-Inseln
Neu-kaledonien (Frankreich)
Loyalty-Inseln
FIDSCHI
NUKUALOFA
Tongatapu
Rarotonga
Salomonen
Vanuatu
Fidschi
Tonga
Samoa
AUSTRALIEN
Norfolk-Insel (Australien)
Kermadec-Inseln (Neuseeland)
Lord-Howe-Insel (Australien)
Neuseeland
CANBERRA
NEU-SEELAND
WELLINGTON
Australien
Chatham-Inseln (Neuseeland)
Tasmanien
Bounty-Inseln (Neuseeland)
Antipoden-Inseln (Neuseeland)
Auckland-Inseln (Neuseeland)

AUSTRALIEN UND OZEANIEN

Australien und Ozeanien – das ist eine Region, die aus einem Kontinent und vielen tausend Inseln im Pazifischen Ozean besteht.

Die Inseln Ozeaniens sind alle vulkanischen Ursprungs und von unzähligen Korallenriffs umgeben. Tropische Taifunstürme fegen jedes Jahr über die Inseln hinweg; Vulkanausbrüche und Erdbeben weit draußen im Ozean verursachen außerdem immer wieder gigantische Riesenwellen, die Tsunamis.

Das Gebiet umfasst neben Australien noch 13 souveräne Staaten, darunter Neuseeland und Papua-Neuguinea. Aber viele der Inseln gehören zu fremden Nationen und werden von diesen verwaltet.

Von Insel zu Insel
Der Staat Fidschi besteht aus 330 Inseln, nur 106 sind jedoch bewohnt. Insgesamt sind in der Region 20000 Inseln im Ozean verteilt.

Blumen-Kinder
Auf den Cook-Inseln wachsen üppige Pflanzen. Diese Mädchen tragen die traditionellen Blütenkränze.

Australien

Australien ist die größte Insel der Erde. Im Osten des Landes erhebt sich das australische Bergland, im Westen erstrecken sich große Wüstengebiete. Im Norden dagegen gibt es Mangroven-Sümpfe und Regenwald.

Australien ist mit 19,5 Millionen Einwohnern nur sehr dünn besiedelt; die meisten von ihnen leben an der Ostküste und an der Südküste. Die Ureinwohner der Insel heißen Aborigines. Heute jedoch besteht ein Großteil der Bevölkerung aus den Nachfahren der Engländer, die sich hier seit dem 18. Jahrhundert angesiedelt haben.

In Australien leben viele Tierarten, die es sonst nirgendwo auf der Erde gibt – so z. B. die Beuteltiere. Das sind Säugetiere, die ihren Nachwuchs in einer Hautfalte am Bauch tragen. Dazu gehören Kängurus, Wombats und Koala-Bären.

DATEN UND FAKTEN

Größte Städte
Sydney 3 502 000
Melbourne 3 160 000
Brisbane 1 508 000

Längster Fluss
Murray-Darling 3750 km

Größter See
Eyresee 9100 km². Seine Größe verändert sich im Lauf eines Jahres.

Höchster Berg
Mount Kosciusko 2230 m

Sydney hat einen der größten Häfen der Welt. Die Hafenbrücke und die Oper von Sydney sind weltberühmte Wahrzeichen der Stadt.

Kängurus tragen ihre Jungen in einem Beutel mit sich. Mit ihren kräftigen Hinterläufen hüpfen sie vorwärts.

Neuseeland

Neuseeland besteht aus zwei größeren Inseln und mehreren kleineren. Die Inseln sind vulkanischen Ursprungs und es gibt auch noch viele aktive Vulkane, zum Beispiel den Ruapehu auf der Nordinsel. In der Gegend der Stadt Rotorua findet man heiße Quellen, kochenden Schlamm und Geysire. Der Dampf aus den vulkanischen Quellen wird genutzt, um Strom zu erzeugen.

Die Südinsel wird landschaftlich von den Neuseeländischen Alpen geprägt, die sich im Westen der Insel erstrecken. Hier befindet sich auch Neuseelands höchster Berg, der Mount Cook. In den fruchtbaren Ebenen grasen Millionen Schafe – es gibt mehr Schafe als Menschen in Neuseeland!

Die Maori aus Polynesien waren die ersten Menschen, die Neuseeland besiedelten. Im 19. Jahrhundert kamen die Europäer, deren Nachfahren heute den weitaus größten Anteil an der Bevölkerung stellen.

DATEN UND FAKTEN

Größte Städte
Auckland 1 087 000
Wellington 343 000
Christchurch 342 000

Längster Fluss
Waikato 425 km

Größter See
Tauposee mehr als 600 km²

Höchster Berg
Mount Cook 3754 m

Die Pole

Arktis

Der nördlichste und der südlichste Punkt der Erde sind die Pole. Dort ist es sehr kalt und beide Pole sind von riesigen Eisschichten umgeben. Der Nordpol liegt im Nordpolarmeer. Die Arktis umfasst das Nordpolarmeer und die nördlichsten Teile Nordamerikas, Europas und Asiens. Während der kurzen Sommer wird die Eisschicht kleiner, sie wächst im Winter jedoch wieder, wenn die Temperaturen unter −60 °C sinken. In der Arktis leben die Völker der Inuit, Samen, Yakuten und Tschuktschen. Auch der Eisbär, das Karibu (Rentier) und das Walross sind dort zu Hause.

Antarktis

Der Südpol liegt in der Antarktis, dem fünftgrößten Kontinent. Von einigen Tälern in geschützten Gebirgslagen abgesehen, ist die Antarktis von Schnee und Eis bedeckt. Sie ist die kälteste Gegend der Erde und die Region mit dem stärksten Wind. Die großen Eisberge, die sich immer wieder ablösen und in den Ozean stürzen, sind eine große Gefahr für die Schifffahrt. In der Antarktis leben außer den Wissenschaftlern, die dort für einige Zeit forschen, keine Menschen. Es gibt allerdings inzwischen mehr als 70 Forschungsstationen dort.

DATEN UND FAKTEN

LÄNDER UND HAUPTSTÄDTE: NORDAMERIKA

Antigua und Barbuda	St. John's
Bahamas	Nassau
Barbados	Bridgetown
Belize	Belmopan
Costa Rica	San José
Dominica	Roseau
Dominikanische Republik	Santo Domingo
El Salvador	San Salvador
Grenada	St. George's
Guatemala	Guatemala
Haiti	Port-au-Prince
Honduras	Tegucigalpa
Jamaika	Kingston
Kanada	Ottawa
Kuba	Havanna
Mexiko	Mexiko-Stadt
Nicaragua	Managua
Panama	Panamá
St. Kitts und Nevis	Basseterre
St. Lucia	Castries
St. Vincent und die Grenadinen	Kingstown
Trinidad und Tobago	Port of Spain
Vereinigte Staaten von Amerika	Washington D.C.

LÄNDER UND HAUPTSTÄDTE: SÜDAMERIKA

Argentinien	Buenos Aires
Bolivien	La Paz und Sucre
Brasilien	Brasília
Chile	Santiago
Ecuador	Quito
Guyana	Georgetown
Kolumbien	Bogotá
Paraguay	Asunción
Peru	Lima
Suriname	Paramaribo
Uruguay	Montevideo
Venezuela	Caracas

LÄNDER UND HAUPTSTÄDTE: EUROPA

Albanien	Tirana
Andorra	Andorra
Belgien	Brüssel
Bosnien u. Herzegowina	Sarajevo
Bulgarien	Sofia
Dänemark	Kopenhagen
Deutschland	Berlin
Estland	Reval (Tallinn)
Finnland	Helsinki
Frankreich	Paris
Griechenland	Athen
Großbritannien	London
Irland	Dublin
Island	Reykjavik
Italien	Rom
Kroatien	Zagreb
Lettland	Riga
Liechtenstein	Vaduz
Litauen	Wilna
Luxemburg	Luxemburg
Malta	Valletta
Mazedonien	Skopje
Moldawien	Kischinau
Monaco	Monaco
Niederlande	Amsterdam und Den Haag
Norwegen	Oslo
Österreich	Wien
Polen	Warschau
Portugal	Lissabon
Rumänien	Bukarest
Russland	Moskau
San Marino	San Marino
Schweden	Stockholm
Schweiz	Bern
Serbien u. Montenegro	Belgrad
Slowakei	Pressburg
Slowenien	Laibach
Spanien	Madrid
Tschechische Republik	Prag
Ukraine	Kiew
Ungarn	Budapest
Vatikanstadt	Vatikanstadt
Weißrussland	Minsk

LÄNDER UND HAUPTSTÄDTE: AFRIKA

Ägypten	Kairo
Algerien	Algier
Angola	Luanda
Äquatorial-Guinea	Malabo
Äthiopien	Addis Abeba
Benin	Porto Novo
Botsuana	Gaborone
Burkina Faso	Ouagadougou
Burundi	Bujumbura
Côte d'Ivoire	Yamoussoukro
Demokratische Republik Kongo	Kinshasa
Dschibuti	Dschibuti
Eritrea	Asmara
Gabun	Libreville
Gambia	Banjul
Ghana	Accra
Guinea	Conakry
Guinea-Bissau	Bissau
Kamerun	Jaunde
Kap Verde	Praia
Kenia	Nairobi
Komoren	Moroni
Kongo	Brazzaville
Lesotho	Maseru
Liberia	Monrovia
Libyen	Tripolis
Madagaskar	Antananarivo
Malawi	Lilongwe
Mali	Bamako
Marokko	Rabat
Mauretanien	Nouakchott
Mauritius	Port Louis
Mosambik	Maputo
Namibia	Windhuk
Niger	Niamey
Nigeria	Abuja
Ruanda	Kigali
Sambia	Lusaka
São Tomé und Príncipe	São Tomé
Senegal	Dakar
Seychellen	Victoria
Sierra Leone	Freetown
Simbabwe	Harare

Somalia	Mogadischu
Südafrika	Pretoria, Bloemfontein und Kapstadt
Sudan	Khartum
Swasiland	Mbabane
Tansania	Dodoma
Togo	Lomé
Tschad	N'Djamena
Tunesien	Tunis
Uganda	Kampala
Zentralafrikanische Rep.	Bangui

LÄNDER UND HAUPTSTÄDTE: ASIEN

Afghanistan	Kabul
Armenien	Jerewan
Aserbaidschan	Baku
Bahrain	Manama
Bangladesch	Dhaka
Bhutan	Thimbu
Brunei	Bandar Seri Begawan
China	Peking
Georgien	Tiflis
Indien	Neu-Delhi
Indonesien	Jakarta
Irak	Bagdad
Iran	Teheran
Israel	Jerusalem
(Nicht Jerusalem wird von der internat. Staatengemeinschaft als Israels Hauptstadt anerkannt, sondern Tel Aviv-Jaffa.)	
Japan	Tokio
Jemen	Sana
Jordanien	Amman
Kambodscha	Phnom Penh
Kasachstan	Astana
Katar	Doha
Kirgisistan	Bischkek
Kuwait	Kuwait
Laos	Vientiane
Libanon	Beirut
Malaysia	Kuala Lumpur
Malediven	Male
Mongolei	Ulan Bator
Myanmar (Birma)	Rangun (Yangon)
Nepal	Katmandu
Nordkorea	Pjöngjang
Oman	Maskat
Ost-Timor	Dili
Pakistan	Islamabad
Philippinen	Manila
Russland	Moskau
Saudi-Arabien	Riad
Singapur	Singapur
Sri Lanka	Colombo u. Sri Jayawardenepura (Kotte)
Südkorea	Seoul
Syrien	Damaskus
Tadschikistan	Duschanbe
Taiwan	Taipeh
Thailand	Bangkok
Türkei	Ankara
Turkmenistan	Aschchabad
Usbekistan	Taschkent
Ver. Arabische Emirate	Abu Dhabi
Vietnam	Hanoi
Zypern	Nikosia

LÄNDER UND HAUPTSTÄDTE: AUSTRALIEN UND OZEANIEN

Australien	Canberra
Fidschi	Suva
Kiribati	Bairiki
Marshall-Inseln	Majuro
Mikronesien	Palikir
Nauru	–
Neuseeland	Wellington
Palau	Koror
Papua-Neuguinea	Port Moresby
Salomonen	Honiara
Samoa	Apia
Tonga	Nukualofa
Tuvalu	Vaiaku
Vanuatu	Port Vila

LÄNGSTE FLÜSSE

Nil, Afrika	6670 km
Amazonas, Südamerika	6448 km
Jangtsekiang, Asien	6300 km
Mississippi-Missouri, Nordamerika	6020 km
Jenissej-Angara, Asien	5540 km
Huang He, Asien	5464 km
Ob-Irtysch, Asien	5409 km
Paraná-Rio de la Plata, Südamerika	4880 km
Kongo, Afrika	4700 km
Lena, Asien	4400 km

HÖCHSTE BERGE

Asien: Mount Everest	8848 m
Südamerika: Aconcagua	6960 m
Nordamerika: Mount McKinley	6194 m
Afrika: Kilimandscharo	5895 m
Europa: Elbrus	5642 m
Antarktis: Vinsonmassiv	4897 m
Australien/Neuseeland: Mount Cook	3754 m

GRÖSSTE SEEN

Kaspisches Meer, Asien	371 800 km²
Oberer See, N.-Amerika	82 350 km²
Victoriasee, Afrika	69 500 km²
Huronsee, N.-Amerika	59 600 km²
Michigansee, N.-Amerika	57 800 km²
Tanganjikasee, Afrika	32 900 km²
Gr. Bärensee, N.-Amerika	31 800 km²
Baikalsee, Asien	30 500 km²
Malawi-/Njassasee, Afrika	29 600 km²
Gr. Sklavensee, N.-Amerika	28 500 km²

Der Aralsee in Asien, einst 66 000 km² groß, trocknet aus und wird immer kleiner.

Register

Im Register findest du die Städtenamen und die wichtigsten landschaftlichen Besonderheiten (Berge, Flüsse, Seen, Meere usw.). Bei den Städten ist ihr Name genannt und dann das Land, in dem die Stadt sich befindet. Bei Stichworten, die keine Städte bezeichnen, erklärt ein kursiv gesetzter Begriff, worum es sich handelt – zum Beispiel etwa »Ätna *Vulkan*«. Ist der Begriff eindeutig, steht keine Erklärung – zum Beispiel »Bodensee«. Bei jedem Stichwort stehen die Seitenzahlen, auf denen es vorkommt. Der Buchstabe und die Zahl geben die Koordinaten an, die du im Rahmen jeder Karte findest. In ihrem Schnittpunkt liegt der gesuchte Begriff.

A

Aachen Deutschland 35 B7
Aberdeen Schottland 32 D4
Aberystwyth Großbritannien 33 D8
Abha Saudi-Arabien 57 F6
Abidjan Côte d'Ivoire 48 E5
Åbo *siehe* Turku
Abu Dhabi Vereinigte Arabische Emirate 52 B4, 57 I4
Abuja Nigeria 46 B3, 49 F4
Acapulco Mexiko 18 E4
Accra Ghana 46 B3, 48 E5
Aconcagua *Berg* 26 C5
Adamaoua *Hochebene* 49 F5
Adana Türkei 56 E2
Addis Abeba Äthiopien 46 D3, 49 I4
Adelaide Australien 71 G5
Aden Jemen 57 G6
Adige *Fluss* 40 D3
Admiralitäts-Inseln 68 B2
Adour *Fluss* 36 E5
Adriatisches Meer 40 E4, 45 A7
Afghanistan *Land* 52 B4, 59 C8
Afrika *Kontinent* 46–51
Ägäisches Meer 45 E8
Agra Indien 60 C5
Ägypten *Land* 46 D2, 49 H2
Ahmadabad Indien 61 B6
Ahwas Iran 57 H3
Aïr *Gebirge* 49 F3
Aix-en-Provence Frankreich 37 H6
Ajaccio Korsika 37 J6
Akita Japan 67 H3
Aktau Kasachstan 59 A6
Akureyri Island 30 E1
Al-Aaiun Sahara 46 A1, 48 D2
Alabama *Fluss* 17 B8
Alabama *US-Bundesstaat* 17 B8
Alakul *See* 58 F5
Åland-Inseln 31 D8
Alaska *US-Bundesstaat* 10 B2, 14 B4
Alaskakette *Gebirge* 14 B4
Albacete Spanien 39 G4
Albanien *Land* 28 D5, 45 B7
Albany Australien 70 D5
Albany New York, USA 16 E4
Alberta *Provinz* Kanada 12 D4
Ålborg Dänemark 31 B9
Albuquerque New Mexico, USA 15 F4
Aldabra *Inseln* 46 E5, 51 F6
Aldan *Fluss* 55 H3
Aleppo Syrien 57 F2
Ålesund Norwegen 31 A6
Alëutenkette *Inseln* 14 A5
Alexandria Ägypten 49 H2
Algerien *Land* 46 B1, 48 E2
Algier Algerien 46 B1, 49 F1
Alicante Spanien 39 H5
Alice Springs Australien 71 F3
Aller *Fluss* 35 D6
Almaty Kasachstan 59 E6
Almeria Spanien 39 G6
Alpen *Gebirge* 35 E10, 37 I5, 40 B2
Altai *Gebirge* 55 F5, 58 F4, 64 E1
Altiplano *Region* 25 F5
Amadeussee *nur zeitweilig Wasser führend* 71 F3
Amadjuaksee 13 H3
Amarillo Texas, USA 15 G4
Amazonas *Fluss* 24 E3, 25 F3
Amazonastiefland 25 F2
Amerikanisch-Samoa *(USA)* 68 E3
Amersfoort Niederlande 35 B6
Amiens Frankreich 37 F1
Amman Jordanien 52 A4, 56 E3
Amritsar Indien 60 B4
Amsterdam Niederlande 28 B3, 35 B6
Amudarja *Fluss* 59 C7
Amundsen-Golf 12 E2
Amundsensee *Meer* 73 unten A4
Amur *Fluss* 55 I5, 65 I1
Anadyr Russland 55 I1
Anchorage Alaska, USA 14 B4
Ancohuma *Berg* 25 F4
Ancona Italien 40 D4
Andamanen *Inseln* 52 C5, 62 C3
Andamanisches Meer 62 C3
Anden *Gebirge* 24 E4, 26 C4
Andorra *Land* 28 B4, 39 I1
Andorra Andorra 28 B4, 39 I2
Andros *Insel* 20 D2
Aneto *Berg* 39 H1
Angara *Fluss* 55 F4
Angelfälle *Wasserfall* 25 G1
Ångermanälv *Fluss* 31 C6
Angers Frankreich 36 E3
Anglesey *Insel* 33 C7
Angola *Land* 46 C5, 51 B7
Angoulême Frankreich 36 E4
Anguilla *(zu Großbritannien)* 21 I4
Ankara Türkei 52 A4, 56 E1
Annam *Gebirge* 62 E2
Annapolis Maryland, USA 17 E6
Annecy Frankreich 37 H4
Anse Royal Seychellen 50 F3
Antalya Türkei 56 E2
Antananarivo Madagaskar 46 E5, 51 F8
Antarktis *Kontinent* 73 unten
Antigua *Insel* 21 I4
Antigua u. Barbuda *Land* 10 E6, 21 I4
Antipoden *Inseln* 68 D5
Antofagasta Chile 26 C3
Antwerpen Belgien 35 A7
Aomori Japan 67 H2
Apeldoorn Niederlande 35 B6
Apenninen *Gebirge* 40 C3
Apia Samoa 68 E3
Apo *Vulkan* 63 H4
Appalachen *Gebirge* 17 C7
Apure *Fluss* 25 F1
Äquatorial-Guinea *Land* 46 B4, 50 A4
Arabisches Meer 59 C10, 61 A7
Arafurasee *Meer* 63 I6
Araguaia *Fluss* 25 H3
Aralsee 59 C6
Archangelsk Russland 54 D2, 73 oben E5
Arendal Norwegen 31 A8
Arequipa Peru 24 E4
Argentinien *Land* 22 B5, 27 D6
Argun *Fluss* 65 H1
Argylesee *Salzsee* 71 F2
Århus Dänemark 31 B9
Arizona *US-Bundesstaat* 14 E5
Arkansas *Fluss* 15 H4
Arkansas *US-Bundesstaat* 15 I4
Armenien *Land* 52 A4, 57 G1
Arnheim Niederlande 35 B6
Arno *Fluss* Italien 40 C4
Arran *Insel* 33 C6
Arras Frankreich 37 G1
Aruba *(zu den Niederlanden)* 10 E6, 21 G5
Aru-Inseln 63 I6
Aruwimi *Fluss* 50 C4
Asahikawa Japan 67 I1
Ascension *Insel* 46 A4
Aschchabad Turkmenistan 52 B4, 59 B7
Aserbaidschan *Land* 52 A4, 57 G1
Ashburton *Fluss* 70 C3
Asien *Kontinent* 52–67
Asir *Gebirge* 57 F5
Asmara Eritrea 46 D2, 49 I3
Asowsches Meer 43 J6
Assuan Ägypten 49 H2
Astana Kasachstan 52 B3, 58 D4
Asunción Paraguay 22 C4, 26 E3
Asyut Ägypten 49 H2
Atacama *Wüste* 26 C3
Atbara *Fluss* 49 I3
Athabasca *Fluss* 12 D5
Athabascasee 12 E4
Athen Griechenland 28 D5, 45 D9
Äthiopien *Land* 46 D3, 49 I5
Athlone Irland 33 B7
Atlanta Georgia, USA 17 C8
Atlantischer Ozean (Atlantik) 13 I3, 17 D8, 21 G2, 25 I5, 27 D8, 30 E2, 33 A9, 35 C4, 38 C6
Atlas *Gebirge* 48 D2
Ätna *Vulkan* 41 E8
Attersee Österreich 40 D1
Atyrau Kasachstan 58 A5
Auckland Neuseeland 72 D2
Auckland *Inseln* 68 D5
Augsburg Deutschland 35 D9
Augusta Maine, USA 16 F4
Äußere Hebriden *Inseln* 28 B2, 32 B5
Austin Texas, USA 15 H6
Australian Capital Territory *Bundesstaat* Australien 71 I5
Australien *Kontinent* 68–71
Australien *Land* 68 A4, 70–71
Avignon Frankreich 37 H5
Avon *Fluss* 33 D9
Axios *Fluss* 45 C7
Ayers Rock *Berg* 71 F3

B

Babelthuap *Insel* 68 A2
Badajoz Spanien 38 D4
Baffinbai 13 H2, 73 oben A3
Baffininsel 13 G2, 73 oben A4
Bagdad Irak 52 A4, 57 G2
Bahamas *Land* 10 D5, 20 D2
Bahía Blanca Argentinien 27 E6
Bahrain *Land* 52 B4, 57 H4
Baikalsee 55 G5
Bairiki Kiribati 68 D2
Baker-Insel *(zu USA)* 68 D2
Baku Aserbaidschan 52 B4, 57 H1
Balchaschsee 58 E5
Balearen *Inseln* 28 B5, 39 I4
Bali *Insel* 63 F6
Balikpapan Indonesien 63 F5
Balkan *Gebirge* 45 D6
Balsas *Fluss* 18 D4
Baltimore Maryland, USA 17 D6
Bamako Mali 46 A3, 48 D4
Bandar Seri Begawan Brunei 52 D5, 63 F4
Bandasee *Meer* 63 H6
Bandung Indonesien 62 E6
Bangalore Indien 61 B8
Bangka *Insel* 62 D5
Bangkok Thailand 52 D5, 62 D3
Bangladesch *Land* 52 C4, 60 E5
Bangui Zentralafrikanische Republik 46 C3, 49 G5
Bangweulusee 51 D6
Banja Luka Bosnien u. Herzegowina 45 B6
Banjarmasin Indonesien 63 F6
Banjul Gambia 46 A3, 48 C4
Banks-Insel 12 E2, 73 oben A2
Barbados *Land* 10 E6, 21 J5
Barbuda *Insel* 21 I4
Barcelona Spanien 39 I2
Bäreninsel 28 D1, 73 oben D4
Barentssee *Meer* 30 F3, 54 E1, 73 oben D4
Bari Italien 41 F6
Barito *Fluss* 63 F5
Barklytafelland *Hochebene* 71 G2
Barleesee *nur zeitweilig Wasser führend* 70 D4
Barquisimeto Venezuela 25 F1
Barranquilla Kolumbien 24 E1
Barrow *Fluss* 33 B7
Barrow Alaska, USA 73 oben B1
Basel Schweiz 40 B1
Basento *Fluss* 41 F6
Basra Irak 57 G3
Basse Terre *Insel* 21 I4
Basse Terre Antigua u. Barbuda 21 I4
Basseterre St. Kitts u. Nevis 21 I4
Bastia Korsika 37 J5
Bata Äquatorial-Guinea 50 A4
Bathurst-Insel 71 F1
Baton Rouge Louisiana, USA 15 J5
Bayonne Frankreich 36 E6
Beau Bassin Mauritius 51 F10
Beaufortsee *Meer* 12 D1, 14 C4, 73 oben B2
Beira Mosambik 51 D8
Beirut Libanon 52 A4, 56 E2
Belém Brasilien 25 I2
Belfast Nordirland 33 C6
Belgien *Land* 28 B4, 35 A7
Belgrad Serbien u. Montenegro 28 D4, 45 C6
Belitung *Insel* 62 E6
Belize *Land* 10 C6, 19 G4
Bellingshausensee *Meer* 73 A3
Belmopan Belize 10 C6, 19 G4
Belo Horizonte Brasilien 25 I5
Ben Macdhui *Berg* 32 D5
Ben Nevis *Berg* 32 C5
Bengasi Libyen 49 G2
Beni *Fluss* 25 F4
Benin *Land* 46 B3, 48 E4
Benue *Fluss* 49 F4
Beresina *Fluss* 43 G3
Bergamo Italien 40 C3
Bergen Norwegen 31 A7
Bergland von Guayana 25 F1
Beringmeer 14 A4, 55 J1
Berkner-Insel 73 unten B2
Berlin Deutschland 28 C3, 35 F6
Bermuda-Inseln *(zu Großbritannien)* 10 E5
Bern Schweiz 28 B4, 40 B2
Besançon Frankreich 37 H3
Betische Kordillere *Gebirge* 38 E6
Bhopal Indien 61 C6
Bhutan *Land* 52 C4, 60 E5
Bighorn *Fluss* 15 F2
Bighornberge *Gebirge* 15 F2
Bilbao Spanien 39 F1
Bioko *Insel* 50 A4
Birma *siehe* Myanmar
Birmingham Alabama, USA 17 B8
Birmingham Großbritannien 33 E8
Bischkek Kirgisistan 52 C3, 59 E6
Bismarck North Dakota, USA 15 H1
Bissau Guinea-Bissau 46 A3, 48 C4
Bitola Mazedonien 45 C7
Bitterrootkette *Gebirge* 14 E1
Biwasee 67 G5
Bjelucha *Berg* 55 F5
Blackpool Großbritannien 33 D7
Blackwater *Fluss* 33 B8
Blantyre Malawi 51 D7
Blauer Nil *Fluss* 49 I4
Bloemfontein Südafrika 46 D6, 51 C9
Boa Vista *Insel* 48 C3
Bodensee 35 C10, 40 C1
Bodø Norwegen 30 C4
Bogotá Kolumbien 22 B1, 24 E2
Boise Idaho, USA 14 E2
Bolivien *Land* 22 B3, 25 F4
Bologna Italien 40 C3
Bolsenasee 40 C5
Bombay Indien 61 B7
Bonaire *Insel* 21 G6
Bonifacio Korsika 37 J6
Bonn Deutschland 35 C7
Bordeaux Frankreich 36 E5
Borneo *Insel* 52 D6, 62 E5
Bornholm *Insel* 31 C10
Bosna *Fluss* 45 B6
Bosnien u. Herzegowina *Land* 28 C4, 45 B6
Boston Massachusetts, USA 16 F4
Botsuana *Land* 46 C6, 51 C8
Bottnischer Meerbusen 31 D7
Bougainville *Insel* 68 C3
Boulder Australien 70 E4
Boulogne Frankreich 37 F1
Bounty-Inseln 68 D5
Bourges Frankreich 37 F3
Bournemouth Großbritannien 33 E9
Bradford Großbritannien 33 E7
Brahmaputra *Fluss* 60 E5, 64 D5
Branco *Fluss* 25 G2
Brasilia Brasilien 22 D3, 25 I4
Brasilianisches Bergland 25 I5
Brasilien *Land* 22 C2, 25 F3
Brazzaville Kongo 46 C4, 50 B5
Breda Niederlande 35 A7
Bremen Deutschland 35 D6
Bremerhaven Deutschland 34 C5
Brescia Italien 40 C3
Breslau Polen 42 D4
Brest Weißrussland 43 F4
Brest Frankreich 36 C2
Bridgetown Barbados 21 J5
Brighton Großbritannien 33 E9
Brisbane Australien 71 J4
Bristol Großbritannien 33 D9
Britische Jungferninseln *(zu Großbritannien)* 21 H3
British Colombia *Provinz* Kanada 12 D4
Broken Hill Australien 71 H4
Brookskette *Gebirge* 14 B4
Brügge Belgien 35 A7
Brunei *Land* 52 D5, 63 F4
Brünn Tschechische Republik 42 D5
Brüssel Belgien 28 B4, 35 A7
Bucht von Benin 48 E5
Budapest Ungarn 28 D4, 42 D6
Buenos Aires Argentinien 22 C5, 26 E5
Buffalo New York, USA 16 D5
Bug *Fluss* 42 E4
Bujumbura Burundi 46 D4, 50 D5
Bukarest Rumänien 28 D4, 45 E6
Bukavu Demokratische Republik Kongo 50 D5
Bulawayo Simbabwe 51 D8
Bulgarien *Land* 28 D5, 45 D7
Bundaberg Australien 71 J3
Burgas Bulgarien 45 E7
Burgos Spanien 39 F2
Burkina Faso *Land* 46 B3, 48 E4
Buru *Insel* 63 H6
Burundi *Land* 46 D4, 50 D5

C

Cabinda *(zu Angola)* 46 C4, 50 A5
Cáceres Spanien 38 E4
Cádiz Spanien 38 D6
Caen Frankreich 36 E2
Cagliari Italien 41 B7
Cairns Australien 71 I2
Calais Frankreich 37 F1
Calgary Kanada 12 D5
Cali Kolumbien 24 E2
California *US-Bundesstaat* 14 D4
Callao Peru 24 E4
Camagüey Kuba 20 D3
Cambrian Mountains *Gebirge* 33 D8
Cambridge Großbritannien 33 F8
Cambridge Bay Kanada 73 oben A2
Canal du Midi *Kanal* 37 F6
Canberra Australien 68 C4, 71 I5
Cannes Frankreich 37 I6
Canterbury Großbritannien 33 F9
Cape Town *siehe* Kapstadt
Capri *Insel* Italien 41 E6
Caquetá *Fluss* 24 E2 *siehe auch* Japurá
Caracas Venezuela 22 B1, 25 F1
Carcassonne Frankreich 37 F6
Cardiff Großbritannien 33 D9
Cardiganbai 33 C8
Careysee *nur zeitweilig Wasser führend* 70 E4
Caribouberge *Gebirge* 12 E4
Carlisle Großbritannien 33 D6
Carnarvon Australien 70 C3
Carnegiesee *nur zeitweilig Wasser führend* 70 E4
Carpentariagolf 71 G1
Carson City Nevada, USA 14 D3
Cartagena Spanien 39 H5
Casablanca Marokko 48 E1
Castellón de la Plana Spanien 39 H3
Castries St. Lucia 21 J5
Catania Italien 41 E8
Cauca *Fluss* 24 E1
Cayenne Franz.-Guayana 22 D1, 25 H1
Cayman-Inseln *(zu Großbritannien)* 10 D6, 20 C3
Cebu Philippinen 63 G3
Celébes (Sulawesi) *Insel* 52 D6, 63 G5
Celébessee *Meer* 63 G4
Ceuta *(zu Spanien)* 38 E6, 46 B1
Cevennen *Gebirge* 37 G5
Chabarowsk Russland 55 I4
Chambal *Fluss* 60 B5
Chamonix Frankreich 37 I4
Changchun China 65 I2
Changsha China 65 H5
Chankasee 65 J2
Charente *Fluss* 36 E4
Chari *Fluss* 49 G4
Charkiw Ukraine 43 I4
Charleroi Belgien 35 A8
Charleston West Virginia, USA 17 C6
Charlotte North Carolina, USA 17 C7
Charleston South Carolina, USA 17 D8
Charlottetown Kanada 13 J5
Chartres Frankreich 37 F2
Chatham-Inseln 68 D5
Chattanooga Tennessee, USA 17 B7
Cheju *Insel* 66 C5
Chemnitz Deutschland 35 F8
Chengdu China 65 G5
Chennai *siehe* Madras
Cher *Fluss* 37 F3
Chesapeakebai 17 E6
Cheyenne Wyoming, USA 15 G3
Chiang Mai Thailand 62 C2
Chiba Japan 67 H5
Chicago Illinois, USA 16 B5
Chico *Fluss* 27 D7, 27 D9
Chiemsee 35 E10
Chihuahua Mexiko 18 D2
Chile *Land* 22 B6, 27 C6
Chimborazo *Berg* 24 D2
China *Land* 52 C4, 64 E4
Chiriqui-Golf 19 I6
Chittagong Bangladesch 61 E6
Ch'ongju Südkorea 67 E2
Chongqing China 65 G5
Chövsgöl Nuur *See* 65 F1
Christchurch Neuseeland 72 C5
Chubut *Fluss* 27 D7
Churchill *Fluss* 13 F4
Cincinnati Ohio, USA 17 C6
Ciudad Juárez Mexiko 18 D1
Clermont-Ferrand Frankreich 37 G4
Cleveland Ohio, USA 16 C5
Clyde *Fluss* 33 D6
Coco *Fluss* 19 H5
Coimbatore Indien 61 B8
Coimbra Portugal 38 C3
Colombo Sri Lanka 52 C5, 61 C9
Colorado *Fluss* (Argentinien) 27 C6
Colorado *Fluss* (Mexiko/USA) 14 E5, 15 F3
Colorado *Fluss* (Texas, USA) 15 H5

Colorado *US-Bundesstaat* 15 F4
Columbia *Fluss* 14 D1
Columbia South Carolina, USA 17 C7
Columbus Ohio, USA 17 C6
Comer See 40 C2
Conakry Guinea 46 A3, 48 D4
Concepción Chile 27 C6
Conchos *Fluss* 18 C2
Concord New Hampshire, USA 16 E4
Connecticut *US-Bundesstaat* 16 E5
Constantine Algerien 49 F1
Cook-Inseln *(zu Neuseeland)* 68 E3
Cooktown Australien 71 H2
Cooper Creek *nur zeitweilig Wasser führend* 71 G4
Coppermine Kanada 73 oben A2
Córdoba Argentinien 26 D5
Córdoba Spanien 38 E5
Cork Irland 33 B8
Corno Grande *Berg* 40 D5
Coropuna *Berg* 24 E4
Costa Rica *Land* 10 C6, 19 H6
Côte d'Ivoire *Land* 46 A3, 48 D4
Cotopaxi *Vulkan* 24 D2
Cotswold Hills *Gebirge* 33 E8
Coventry Großbritannien 33 E8
Craiova Rumänien 45 D6
Creuse *Fluss* 37 F3
Cuando *Fluss* 51 B7
Cuango *Fluss* 51 B6
Cuanza *Fluss* 51 B6
Cubango *Fluss* 51 B8
Cúcuta Kolumbien 24 E1
Culiacán Mexiko 18 C3
Curaçao *Insel* 21 G6
Curitiba Brasilien 25 H6
Cuzco Peru 24 E4
Czernowitz Ukraine 43 F5

D

Da Nang Vietnam 62 E2
Dagö *Insel* 42 E1
Dakar Senegal 46 A2, 48 C3
Dalälv *Fluss* 31 C8
Dalian China 65 I3
Dallas Texas, USA 15 I5
Daly *Fluss* 71 F1
Damaskus Syrien 52 A4, 56 E2
Dänemark *Land* 28 C3, 31 A10
Danzig Polen 42 D3
Danziger Bucht 42 D3
Daressalam Tansania 51 E6
Darling *Fluss* 71 H4
Darmstadt Deutschland 35 C8
Dart *Fluss* 33 D9
Dartmoor *Moor* 33 D9
Darwin Australien 71 F1
Davao Philippinen 63 H4
Dee *Fluss* 32 D5
Dekkan *Hochebene* 61 B6
Delaware *US-Bundesstaat* 17 E6
Delhi Indien 60 C4
Demawend *Berg* 57 H2
Demokratische Republik Kongo *Land* 46 C4, 50 B5
Den Haag Niederlande 28 B3, 35 A6
Denver Colorado, USA 15 G3
Derby Australien 70 E2
Derby Großbritannien 33 E8
Derry Nordirland 33 B6
Des Moines Iowa, USA 15 I3
Deseado *Fluss* 27 D8
Desna *Fluss* 43 H4
Desventurados-Inseln 22 A4
Detroit Michigan, USA 16 C5
Deutschland *Land* 28 C4, 35 D7
Dhaka Bangladesch 52 C4, 60 E5
Dhaulagiri *Berg* 60 D4
Diamantina *Fluss, nur zeitweilig Wasser führend* 71 G3
Dieppe Frankreich 37 F1
Dijon Frankreich 37 H3
Dili Osttimor 52 E6, 63 H6
Dinara *Gebirge* 45 B6
Disappointmentsee *nur zeitweilig Wasser führend* 70 D3
Dnipropetrowsk Ukraine 43 I5
Dnister *Fluss* 43 G5
Dnjepr *Fluss* 43 G3
Dodekanes *Inseln* 45 E9
Dodoma Tansania 46 D4, 51 E6
Doha Katar 52 B4, 57 H4
Dolomiten *Gebirge* 40 D2
Dominica *Land* 10 E6, 21 I5
Dominikanische Republik *Land* 10 E6, 21 G3
Don *Fluss* (Russland) 54 C3
Don *Fluss* (Großbritannien) 32 D4
Donau *Fluss* 35 D10, 40 E1, 42 D6, 45 E6
Donau-Delta 45 F5
Donegalbai 33 A6
Donez *Fluss* 43 I4
Donezk Ukraine 43 J5
Dordogne *Fluss* 37 F5
Dordrecht Niederlande 35 A7
Dorpat Estland 43 F1
Dortmund Deutschland 35 C7
Douglas Man 33 C7
Douro *Fluss* 38 D3
Dover Großbritannien 33 F9
Dover Delaware, USA 17 E6
Dovrefjell *Hochebene* 31 B7
Drakensberge *Gebirge* 51 C10
Drau (Drava) *Fluss* 40 D2, 40 E2, 42 D6, 44 B5
Dresden Deutschland 35 F7
Drina *Fluss* 45 C6
Dschibuti *Land* 46 E3, 49 I4
Dschibuti Dschibuti 46 E3, 49 J4
Dubai Vereinigte Arabische Emirate 57 I4
Dubawntsee 13 F4
Dublin Irland 28 B3, 33 C7
Dubrovnik Kroatien 45 B7
Duero *Fluss* 39 F2 *siehe auch* Douro
Dufourspitze *Berg* 40 B2
Dünaburg Lettland 43 F2
Dundee Schottland 32 D5
Dunedin Neuseeland 72 C6
Dünkirchen Frankreich 37 F1
Durance *Fluss* 37 H5
Durban Südafrika 51 D10
Duschanbe Tadschikistan 52 B4, 59 D7
Düsseldorf Deutschland 35 B7

E

East London Südafrika 51 C10
Ebro *Fluss* 39 G2
Ecrins *Berg* 37 H5
Ecuador *Land* 22 A2, 24 D2
Edinburgh Schottland 32 D5
Edmonton Kanada 12 E5
Eindhoven Niederlande 35 B7
Eipel (Ipel) *Fluss* 42 D5
El Obeid Sudan 49 H4
El Paso Texas, USA 15 F5
El Salvador *Land* 10 E6, 19 G5
Elba *Insel* 40 C4
Elbe *Fluss* 34 D5, 42 C4
Elbrus *Berg* 54 B4
Elburs *Gebirge* 57 H2
Elche Spanien 39 H5
Elde *Fluss* 34 E5
Ellesmere-Insel 13 G1, 73 oben B3
Elx *siehe* Elche
Emmen Niederlande 35 C6
Ems *Fluss* Deutschland 35 C6
England *Landesteil von Großbritannien* 33 D7
Enns *Fluss* 40 D1
Enschede Niederlande 35 C6
Erfurt Deutschland 35 E7
Eriesee 13 H6, 16 C5
Eritrea *Land* 46 D2, 49 I3
Ertis *Fluss* 58 E4 *siehe auch* Irtysch
Erzgebirge 35 E8
Esbjerg Dänemark 31 A10
Espirito Santo *Insel* 68 C3
Espoo Finnland 31 E8
Essen Deutschland 35 C7
Essequibo *Fluss* 25 G2
Estland *Land* 28 D3, 43 F1
Eugene Oregon, USA 14 D2
Euphrat *Fluss* 57 G3
Europa *Kontinent* 28–45
Europäisches Nordmeer 30 B4, 73 oben C5
Everglades *Sümpfe* 17 D10
Exe *Fluss* 33 D9
Exeter Großbritannien 33 D9
Eyresee *nur zeitweilig Wasser führend* 71 G4

F

Faisalabad Pakistan 59 E9
Falkland-Inseln *(zu Großbritannien)* 22 C6, 27 E9
Faro Portugal 38 D5
Färöer-Inseln *(zu Dänemark)* 28 B2
Ferrara Italien 40 D3
Fès Marokko 48 E1
Feuerland *Insel* 27 D10
Fidschi *Land* 68 D3
Finnischer Meerbusen 31 E8
Finnland *Land* 28 D2, 31 E7
Finsteraarhorn *Berg* 40 B2
Firth of Forth 32 D5
Fitzroy *Fluss* 70 E2
Flinders *Fluss* 71 H2
Florenz Italien 40 C4
Floressee *Meer* 63 G6
Florida *US-Bundesstaat* 17 C9
Florida Keys *Inseln* 17 C10
Foggia Italien 40 E5
Formentera *Insel* 39 I4
Fort Lauderdale Florida, USA 17 D10
Fort William Schottland 32 C5
Fort Worth Texas, USA 15 H5
Fortaleza Brasilien 25 J3
Fort-de-France Martinique 21 J5
Fort-Peck-Stausee 15 F1
Foxe-Becken *Meer* 13 G3
Frankfort Kentucky, USA 17 B6
Frankfurt am Main Deutschland 35 C8
Frankreich *Land* 28 B4, 36–37
Franz.-Guayana *(zu Frankreich)* 22 D1, 25 H2
Franz-Josef-Land *Inseln* 55 F1, 73 oben D4
Franz.-Polynesien *(zu Frankreich)* 69 F4
Fraser *Fluss* 12 D5
Fraser-Insel 71 J4
Fredericton Kanada 13 I6
Freeport Bahamas 20 D1
Freetown Sierra Leone 46 A3, 48 D4
Freiburg Deutschland 35 C10
Fremantle Australien 70 D5
Fresno California, USA 14 D4
Fromesee *nur zeitweilig Wasser führend* 71 G4
Fuerte *Fluss* 18 C2
Fujisan *Berg* 67 H5
Fukuoka Japan 66 E5
Fukushima Japan 67 H4
Fulda *Fluss* 35 D8
Funabashi Japan 67 H5
Furneaux-Gruppe *Inseln* 71 I6
Fushun China 65 I2
Fuzhou China 65 I5

G

Gabun *Land* 46 C4, 50 A5
Gaborone Botsuana 46 D6, 51 C9
Gairdnersee *nur zeitweilig Wasser führend* 71 G5
Galápagos-Inseln 24 D5
Galati Rumänien 44 F5
Galdhopiggen *Berg* 31 B7
Galway Irland 33 A7
Gambia *Land* 46 A3, 48 C4
Gambier-Inseln 69 F4
Gan Jiang *Fluss* 65 I5
Ganges *Fluss* 60 D5
Ganges-Delta 61 E6
Gaoxiong Taiwan 65 J6
Gardasee 40 C3
Garonne *Fluss* 36 E5
Garoua Kamerun 49 F4
Gasteiz *siehe* Vitoria
Gävle Schweden 31 C7
Gazanjyk Turkmenistan 59 B7
Gdansk *siehe* Danzig
Geelong Australien 71 H6
Gelbes Meer 65 J3, 66 C4
Genf Schweiz 40 A2
Genfer See 37 I4, 40 A2
Gent Belgien 35 A7
Genua Italien 40 B3
George Town Malaysia 62 D4
Georgetown Guyana 22 C1, 25 G1
Georgia *US-Bundesstaat* 17 C8
Georgianbai 13 H6, 16 C4
Georgien *Land* 52 A3, 57 F1
Georgina *Fluss, nur zeitweilig Wasser führend* 71 G3
Gera Deutschland 35 E7
Geraldton Australien 70 C4
Gerlsdorfer Spitze *Berg* 42 E5
Gerona Spanien 39 J2
Gesellschafts-Inseln 69 F3
Ghana *Land* 46 B3, 48 E4
Gibraltar *(zu Großbritannien)* 28 A5, 38 E6
Gibsonwüste 70 E3
Gifu Japan 67 G5
Gijón Spanien 38 E1
Gila *Fluss* 14 E5
Gilbert-Inseln 68 D2
Gironde *Mündung* 36 E4
Gise Ägypten 49 H2
Glåma *Fluss* 31 B7
Glasgow Schottland 32 D5
Glittertind *Berg* 31 B7
Gloucester Großbritannien 33 D8
Gobi *Wüste* 65 G3
Godavari *Fluss* 61 C7
Golf von Aden 49 J4, 57 G6
Golf von Alaska 14 B5
Golf von Bengalen, 61 E7, 62 B2
Golf von Biscaya 36 D4, 38 E1
Golf von Campeche 19 F4
Golf von Darién, 19 J6, 24 E1
Golf von Honduras 19 G4
Golf von Kalifornien 18 B1
Golf von Khambhat 61 A6
Golf von Korinth 45 D9
Golf von Kutch 61 A6
Golf von Mannar 61 C9
Golf von Martaban 62 C2
Golf von Maskat 57 J4
Golf von Mexiko 15 I6, 17 B9, 19 F2, 20 B1
Golf von Panamá 19 I6
Golf von Saint-Malo 36 D2
Golf von Tarent 41 F6
Golf von Tehuantepec 19 F5
Golf von Thailand 62 D3
Golf von Tongking 62 E2, 65 H6
Gomel Weißrussland 43 H3
Gonder Äthiopien 49 I4
Göteborg Schweden 31 B9
Gotland *Insel* 28 D3, 31 D9
Goto-Inseln 66 D6
Göttingen Deutschland 35 D7
Gozo *Insel* 41 D9
Grampian Mountains *Gebirge* 32 C5
Gran Canaria *Insel* 48 C2
Gran Paradiso *Berg* 40 B3
Granada Spanien 39 F5
Grand Bahama *Insel* 20 D1
Grand Canyon *Schlucht* 14 E4
Graz Österreich 40 E2
Great Dividing Range *Gebirge* 71 H5
Great Plains 12 E5, 15 G1
Grenada *Land* 10 E6, 21 I6
Grenadinen *Inseln* 21 J5
Grenoble Frankreich 37 H4
Griechenland *Land* 28 D5, 45 C8
Groningen Niederlande 34 B5
Grönland *(zu Dänemark)* 10 D1, 73 oben B4
Grönlandsee *Meer* 73 oben C5
Großbritannien *Land* 28 B3, 33 C6
Große Antillen *Inseln* 20 C3
Große Australische Bucht 71 F5
Große Sandwüste 70 D2
Große Syrte 49 G2
Große Victoriawüste 70 E4
Großer Bärensee 12 E3
Großer Salzsee 14 E3
Großer Sklavensee 12 E4
Großes Barriereriff 71 H1
Großes Becken *geo. Region* 14 D3
Großglockner *Berg* 40 D2
Guadalajara Mexiko 18 D4
Guadalcanal *Insel* 68 C3
Guadalquivir *fluss* 38 E5
Guadeloupe *(zu Frankreich)* 21 J4
Guadiana *Fluss* 38 D5, 39 F4
Guam *(zu USA)* 68 B1
Guaporé *Fluss* 25 G4
Guatemala *Land* 10 C6, 19 G5
Guatemala Guatemala 10 C6, 19 G5
Guaviare *Fluss* 25 F2
Guayaquil Ecuador 24 D3
Guernsey *Insel* 33 D10
Guinea *Land* 46 A3, 48 D4
Guinea-Bissau *Land* 46 A3, 48 C4
Guiyang China 65 G5
Gujranwala Pakistan 59 E9
Gulfe du Lion 37 G6
Gunnbjørn Fjeld *Berg* 73 oben B5
Guyana *Land* 22 C1, 25 G1

H

Haarlem Niederlande 35 A6
Hachinohe Japan 67 I3
Hadramaut *Gebirge* 57 H6
Hainan *Insel* 52 D5, 65 H6
Haiti *Land* 10 D6, 21 F3
Hakodate Japan 67 H2
Halbinsel Valdés 27 D7
Halifax Kanada 13 J6
Halle Deutschland 35 E7
Halmahera *Insel* 63 H5
Hamamatsu Japan 67 G5
Hamburg Deutschland 34 D5
Hamhung Nordkorea 66 D3
Hamilton Kanada 13 H6
Hamilton Neuseeland 72 D2
Hannover Deutschland 35 D6
Hanoi Vietnam 52 D5, 62 E2
Harare Simbabwe 46 D5, 51 D8
Harbin China 65 I2
Harris *Insel* 32 B4
Harrisburg Pennsylvania, USA 16 D5
Hartford Connecticut, USA 16 E5
Havanna Kuba 10 D5, 20 C2
Havel *Fluss* 35 E6
Hawaii *Insel* 14 B6
Hawaii *US-Bundesstaat* 14 B5
Haweasee 72 B5
Hedschas *geo. Region* 57 F4
Heidelberg Deutschland 35 C9
Helena Montana, USA 15 F1
Helgoland *Insel* 34 C5
Helgoländer Bucht 34 C5
Helmand *Fluss* 59 C9
Helsingborg Schweden 31 B10
Helsinki Finnland 28 D2, 31 E8
Herat Afghanistan 59 C8
Highlands *Gebirge* 32 C5
Hiiumaa siehe Dagö
Himalaya *Gebirge* 60 B3, 64 C4
Hindukusch *Gebirge* 59 D8
Hiroshima Japan 67 F5
Hispaniola *Insel* 21 F3
Hitachi Japan 67 H4
Hobart Australien 71 H6
Ho-Chi-Minh-Stadt Vietnam 62 E3
Hochland von Äthiopien *Gebirge* 49 I4
Hokkaido *Insel* 52 E3, 67 I1
Holyhead Großbritannien 33 C7
Honduras *Land* 10 C6, 19 G5
Hongkong China 65 I6
Honiara Salomonen 68 C3
Honolulu Hawaii, USA 14 B5
Honshu *Insel* 52 E4, 67 H4
Houston Texas, USA 15 I6
Howland-Insel *(zu USA)* 68 D2
Huang He *Fluss* 65 F4
Huascarán *Berg* 24 E3
Hudsonbai 13 G4
Huelva Spanien 38 D5
Hulun Nur *See* 65 H1
Humber *Fluss* 33 E7
Huronsee 13 H6, 16 C4
Hvannadalshnúkur *Berg* 30 F2
Hyderabad Indien 61 C7
Hyderabad Pakistan 59 D10
Hyesan Nordkorea 66 D2

I

Iasi Rumänien 44 E4
Iberisches Randgebirge 39 G3
Ibiza *Insel* 28 B5, 39 I4
Idaho *US-Bundesstaat* 14 E2
Ijsselmeer 35 B6
Ile *Fluss* 59 E6
Îles d' Hyères *Insel* 37 H6
Illinois *Fluss* 16 A5
Illinois *US-Bundesstaat* 17 A6
Iloilo Philippinen 63 G3
Ilulissat· Grönland 73 oben A4
Inarisee 30 E3
Indiana *US-Bundesstaat* 17 B6
Indianapolis Indiana, USA 17 B6
Indien *Land* 52 C5, 60 B5
Indigirka *Fluss* 55 H2
Indischer Ozean 51 F9, 57 I6, 61 C10, 62 C6, 70 C2, 71 F5, 73 unten D1
Indonesien *Land* 52 D6, 62 D6
Indore Indien 61 B6
Indus *Fluss* 59 E8, 60 C3
Inlandsee 67 F5
Inn *Fluss* 40 C2
Innere Hebriden *Inseln* 32 B5
Innsbruck Österreich 40 D2
Insel der Jugend 20 C2
Inseln über dem Winde 21 H3
Interlaken Schweiz 40 B2
Inverness Schottland 32 D4
Ionische Inseln 45 C8
Ionisches Meer 41 F8, 45 B9
Iowa *US-Bundesstaat* 15 I3
Ipswich Großbritannien 33 F8
Iqaluit Kanada 13 H3
Irak *Land* 52 A4, 57 F2
Iraklion Griechenland 45 E10
Iran *Land* 52 B4, 57 H2
Irawadi *Fluss* 62 C2
Iriri *Fluss* 25 H3
Irische See *Meer* 33 C7
Irkutsk Russland 55 G5
Irland *Land* 28 A3, 33 B7
Irtysch *Fluss* 54 E4 *siehe auch* Ertis
Isabela *Insel* 24 D6
Isar *Fluss* 35 E9
Ischia *Insel* 41 D6
Ischim *Fluss* 58 C4
Isebai 67 G5
Isère *Fluss* 37 H4
Isfahan Iran 57 H3
Iskâr *Fluss* 45 D6
Islamabad Pakistan 52 C4, 59 E8
Island *Land* 28 B1, 30 E1, 73 oben B5
Islay *Insel* 32 C5
Isle *Fluss* 36 E5
Israel *Land* 52 A4, 56 E3
Istanbul Türkei 56 D1
Italien *Land* 28 C5, 40 C4
Izmir Türkei 56 D1
Izu-Inseln 67 H5

J

Jabalpur Indien 61 C6
Jablonowyjgebirge 55 G5
Jackson Mississippi, USA 17 A8
Jacksonville Florida, USA 17 C9
Jaffna Sri Lanka 61 C9
Jaipur Indien 60 B5
Jakarta Indonesien 52 D6, 62 E6
Jakutsk Russland 55 H3, 73 oben E1
Jalalabad Afghanistan 59 D8
Jalu *Fluss* 65 J3
Jalunkiang *Fluss* 65 F4
Jamaika *Land* 10 D6, 20 D4
Jamesbai 13 H5
Jammu und Kaschmir 60 B3
Jan Mayen *Insel* 28 C1, 73 oben C5
Jangtsekiang *Fluss* 65 I4
Japan *Land* 52 E4, 67 F4
Japanisches Meer 67 F3
Japurá *Fluss* 25 F2 *siehe auch* Caquetá
Jarvis-Insel *(zu USA)* 68 E2
Jaunde Kamerun 46 C3, 49 F5
Java *Insel* 52 D6, 62 E6
Javasee *Meer* 62 E6
Jayapura Indonesien 63 J5
Jefferson City Missouri, USA 15 I3
Jekaterinburg Russland 54 D4
Jemen *Land* 52 A5, 57 G6
Jenissej *Fluss* 55 F3, 73 oben E3
Jerewan Armenien 52 A4, 57 G1
Jerez de la Frontera Spanien 38 E6
Jersey *Insel* 33 D10
Jerusalem Israel 52 A4, 56 E3
Jiddah Saudi-Arabien 57 F5
Jinan China 65 I3
Jinsha-Jiang *Fluss* 65 F5
Johannesburg Südafrika 51 C9
Johnston-Insel *(zu USA)* 68 E1
Jönköping Schweden 31 C9
Jordanien *Land* 52 A4, 57 F3
Jostedalsbre *Gletscher* 31 A7
Jotunheimen *Gebirge* 31 A7
Jssyk-Kul *See* 59 E6
Juan-Fernandez-Inseln 22 A5
Júcar *Fluss* 39 G4
Julische Alpen *Gebirge* 40 D2
Juneau Alaska, USA 14 C4
Jungferninseln *(zu Großbritannien und USA)* 21 H4
Jura *Insel* 32 C5
Jura *Gebirge* 37 H4
Juruá *Fluss* 24 E3
Juruena *Fluss* 25 G4
Jushno-Sachalinsk Russland 55 J4
Jütland *Halbinsel* 31 A9

K

K2 *Berg* 59 E8, 64 C3
Kabul Afghanistan 52 B4, 59 D8
Kaesong Nordkorea 66 D3
Kagoshima Japan 66 E6
Kai-Inseln 63 I6
Kaikoura Neuseeland 72 D4
Kairo Ägypten 46 D1, 49 H2
Kalahari *Wüste* 51 B9
Kalémié Demokratische Republik Kongo 51 D6

Kalgoorlie Australien 70 E4
Kaliningrad siehe Königsberg
Kalixälv Fluss 30 E5
Kalkutta Indien 61 E6
Kalmar Schweden 31 C9
Kambodscha Land 52 D5, 62 D3
Kamerun Land 46 C3, 49 F5
Kampala Uganda 46 D4, 50 D4
Kanada Land 10 C3, 12–13
Kanadischer Schild geo. Region 13 F4
Kanal, Der 33 D10, 36 D1
Kanalinseln 28 B4, 33 D10
Kananga Demokratische Republik Kongo 51 C6
Kanarische Inseln 46 A1, 48 C2
Kanazawa Japan 67 G4
Kandahar Afghanistan 59 C9
Känguruinsel 71 G5
Kano Nigeria 49 F4
Kanpur Indien 60 C5
Kansas US-Bundesstaat 15 H3
Kansas City Kansas, USA 15 I3
Kantabrisches Gebirge 38 D1
Kanton China 65 H6
Kaohsiung siehe Gaoxiong
Kap Verde Land 48 C3
Kapstadt Südafrika 46 C6, 51 B10
Kapuas Fluss 62 E5
Karachi Pakistan 58 D10
Karaganda Kasachstan 58 D5
Karakorum Gebirge 59 E8
Karakum Wüste 59 B7
Karakumkanal 59 B7
Karasee Meer 54 E2, 73 oben D3
Karibasee Sambia 51 C7
Karibisches Meer 21 F5, 24 D1
Karlsruhe Deutschland 35 C9
Karolinen Inseln 68 B2
Karpaten Gebirge 42 E5, 44 D4
Karpathos Insel 45 F10
Kasachische Schwelle geo. Region 58 D5
Kasachstan Land 52 B3, 58 C5
Kasai Fluss 50 B5
Kasan Russland 54 D3
Kasbek Berg 57 G1
Kaschau (Kosice) Slowakei 42 E5
Kashi China 64 C3
Kaskadenkette Gebirge 14 D2
Kaspische Senke geo. Region 58 A5
Kaspisches Meer See 54 C5, 57 H2, 59 A6
Kassel Deutschland 35 D7
Kastilisches Scheidegebirge 38 E3
Katar Land 54 B4, 57 H4
Katmandu Nepal 52 C4, 60 D5
Kauai Insel 14 A5
Kaukasus Gebirge 54 B4, 57 G1
Kaunas Litauen 43 F2
Kawasaki Japan 67 H5
Kebnekajse Berg 30 D4
Kefallinia Insel 45 C9
Keflavík Island 30 E2
Keitelesee 31 E6
Keltische See Meer 33 B9
Kemi Finnland 30 E5
Kemijoki Fluss 30 E5
Kenia Land 46 D4, 50 E4
Kenia Berg 50 E5
Kentucky US-Bundesstaat 17 B6
Kerinci Berg 62 D5
Kermadec-Inseln (zu Neuseeland) 68 D4
Kertsch Ukraine 43 J6
Khartum Sudan 46 D2, 49 H3
Kiel Deutschland 34 D5
Kieler Bucht 34 D4
Kiew Ukraine 28 D4, 43 H4
Kigali Ruanda 46 D4, 50 D5
Kilimandscharo Berg 50 E5
Killarney Irland 33 A8
Kimberley Südafrika 51 C9
Kimberleyplateau 70 E2
Kinabalu Berg 63 F4
King-Insel 71 H6
Kingston Kanada 13 H6
Kingston Jamaika 10 D6, 20 E4
Kingston-upon-Hull Großbritannien 33 E7
Kingstown St. Vincent und die Grenadinen 21 I5
Kinshasa Demokratische Republik Kongo 46 C4, 50 B5
Kioto Japan 67 G5
Kirgisistan Land 52 B3, 59 E6
Kiribati Land 68 D2
Kirkenes Norwegen 30 F3
Kirkwall Großbritannien 32 D3
Kirow Russland 54 D3
Kiruna Schweden 30 D4
Kisangani Demokratische Republik Kongo 50 C4
Kischinau Moldawien 28 D4, 43 G6
Kismaayo Somalia 49 I5
Kisumu Kenia 50 E5
Kitakyushu Japan 66 E5
Kitwe Sambia 51 D7
Kivusee 50 D5
Klaipeda siehe Memel
Klarälv Fluss 31 C8
Klausenburg Rumänien 44 D5
Kleine Antillen Inseln 21 G5
Kleine Sunda-Inseln 63 F6
Kljutschewskaja Sopka Vulkan 55 J3
Kobe Japan 67 G5
Koblenz Deutschland 35 C8
Kodiak-Insel 14 B5
Köln Deutschland 35 B7
Kolumbien Land 22 B1, 24 E2
Kolyma Fluss 55 I2, 73 oben D1
Kolymagebirge 55 I2
Komoren Land 46 E5, 51 F6
Kongo Land 46 C4, 50 B5
Kongo Fluss 50 B5
Kongobecken geo. Region 50 B4
Königsberg Russland 42 E3, 55 C2
Konstanza Rumänien 45 F6
Kopenhagen Dänemark 28 C3, 31 B10
Korab Berg 45 C7
Korallensee Meer 71 J2
Koreastraße 66 D5
Korfu Insel 45 C8
Korinth Griechenland 45 D9
Korhogo Côte d'Ivoire 48 D4
Koror Palau 68 B2
Korsika Insel 28 B5, 37 J6
Kotuj Fluss 55 G2
Krakau Polen 42 E5
Krasnojarsk Russland 55 F4
Krefeld Deutschland 35 B7
Kreta Insel 28 D6, 45 E10
Krishna Fluss 61 B7
Kristiansand Norwegen 31 A8
Krk Insel 44 A5
Kroatien Land 28 C4, 44 A5
Kronstadt Rumänien 45 E5
Ksyl-Orda Kasachstan 59 C6
Kuala Lumpur Malaysia 52 D5, 62 D4
Kuba Land 10 D5, 20 D2
Kuching Malaysia 62 E5
Kuju Berg 66 E6
Kumamoto Japan 66 E6
Kumasi Ghana 48 E5
Kunlun Shan Gebirge 64 D4
Kunming China 65 G6
Kuopio Finnland 31 F6
Kupang Indonesien 63 G6
Kurilen Inseln 53 F2, 55 J3, 67 J1
Kushiro Japan 67 I1
Küstengebirge 12 C3
Küstenkette Gebirge 14 C2
Kuwait Land 52 A4, 57 G3
Kuwait Kuwait 52 B4, 57 G3
Kwilu Fluss 50 B5
Kykladen Inseln 45 D9
Kyushu Insel 66 E6

L

La Coruña Spanien 38 D1
La Paz Bolivien 22 B3, 25 F4
La Paz Mexiko 18 C3
La Plata Argentinien 26 E5
La Rochelle Frankreich 36 E4
Labradorsee Meer 13 H3
Lachlan Fluss 71 H5
Ladogasee 54 C2
Lågen Fluss 31 B7
Lago Maggiore See 40 B2
Lagos Nigeria 48 E5
Lagos Portugal 38 C5
Lahore Pakistan 59 E9
Laibach Slowenien 28 C4, 40 E2
Lake District geo. Region 33 D6
Lake of the Woods See 13 F6, 15 I1
Lakkadiven Inseln 52 B5, 60 A8
Lakonischer Golf 45 D10
Lancang Jiang siehe Mekong
Lansing Michigan, USA 16 B5
Lanzarote Insel 48 D2
Lanzhou China 65 G4
Laos Land 52 D5, 62 D2
Laptewsee Meer 55 G2, 73 oben D2
Las Palmas Kanarische Inseln 48 D2
Las Vegas Nevada, USA 14 E4
Lau-Gruppe Inseln 68 D3
Lausanne Schweiz 40 A2
Le Havre Frankreich 36 E2
Le Mans Frankreich 36 E3
Leeds Großbritannien 33 E7
Leeuwarden Niederlande 34 B5
Lefkosia Zypern 52 A4, 56 E2
Leicester Großbritannien 33 E8
Leiden Niederlande 35 A6
Leipzig Deutschland 35 E7
Lemberg (Lwiw) Ukraine 43 F5
Lena Fluss 55 G4, 73 oben E1
Lens Frankreich 37 G1
León Mexiko 18 D3
León Spanien 38 E2
Lerwick Großbritannien 32 E2
Lesbos Insel Griechenland 45 E8
Lesotho Land 46 D6, 51 C10
Lettland Land 28 D3, 43 F2
Lewis Insel 32 C4
Lhasa China 64 E5
Liao He Fluss 65 I2
Libanon Land 52 A4, 56 E2
Liberia Land 46 A3, 48 D5
Libreville Gabun 46 C4, 50 A4
Libyen Land 46 C2, 49 G2
Libysche Wüste 49 G2
Liechtenstein Land 28 C4, 40 C2
Liège siehe Lüttich
Liffey Fluss 33 C7
Ligurisches Meer 40 B4
Likasi Demokratische Republik Kongo 51 C6
Lille Frankreich 37 G1
Lillehammer Norwegen 31 B7
Lilongwe Malawi 46 D5, 51 D7
Lima Peru 22 A3, 24 E4
Limerick Irland 33 B8
Limnos Insel 45 E8
Limoges Frankreich 37 F4
Limpopo Fluss 51 C8
Linares Spanien 39 F5
Lincoln Nebraska, USA 15 H3
Line-Inseln 68 E2
Linköping Schweden 31 C9
Linz Österreich 40 E1
Liparische Inseln 41 E7
Lippe Fluss 35 C7
Lissabon Portugal 28 A5, 38 C4
Litauen Land 28 D3, 42 E2
Little Rock Arkansas, USA 15 I4
Liverpool Großbritannien 33 D7
Livojoki Fluss 30 E5
Livorno Italien 40 C4
Ljubljana siehe Laibach
Ljusnan Fluss 31 C7
Loch Lomond See 32 D5
Loch Ness See 32 D4
Lodz Polen 42 E4
Lofoten Inseln 28 C1, 30 C4
Loire Fluss 36 D3, 37 G3
Lomani Fluss 50 C5
Lomé Togo 46 B3, 48 E5
London Großbritannien 28 B3, 33 E9
London Kanada 13 H6
Londonderry siehe Derry
Long Island Insel 16 E5
Longyearbyen Spitzbergen 73 oben C4
Lop Nur See, nur zeitweilig Wasser führend 64 E3
Lord-Howe-Insel 68 C4
Lorient Frankreich 36 D3
Los Angeles California, USA 14 D4
Lot Fluss 37 F5
Lough Corrib See 33 A7
Lough Erne See 33 B6
Lough Neagh See 33 C6
Lough Ree See 33 B7
Louisiana US-Bundesstaat 15 I5
Louisville Kentucky, USA 17 B6
Lourdes Frankreich 36 E6
Loyalty-Inseln 68 C3
Luanda Angola 46 C4, 51 A6
Lubango Angola 51 A7
Lübeck Deutschland 34 D5
Lubumbashi Demokratische Republik Kongo 51 C6
Lucknow Indien 60 C5
Lugano Schweiz 40 B2
Lukenie Fluss 50 B5
Luleå Schweden 30 D5
Luleälv Fluss 30 D5
Lusaka Sambia 46 D5, 51 D7
Lut Wüste 57 I3
Luton Großbritannien 33 E8
Lüttich Belgien 35 B8
Luxemburg Land 28 B4, 35 B8
Luxemburg Luxemburg 28 B4, 35 B8
Luzern Schweiz 40 B2
Luzon Insel 52 D5, 63 G2
Lyon Frankreich 37 H4

M

Maas Fluss 35 B7, 37 H2
Maastricht Niederlande 35 B7
Macdonnelkette Gebirge 71 F3
Mackaysee nur zeitweilig Wasser führend 71 F3
Mackenzie Fluss 12 D3, 73 oben A1
Mackenziegebirge 12 D3
Madagaskar Land 46 E6, 51 F7
Madeira (zu Portugal) 46 A1, 48 D1
Madeira Fluss 25 G3
Mädelegabel Berg 35 D10
Madison Wisconsin, USA 16 A5
Madras Indien 61 C8
Madre de Dios Fluss 25 F4
Madrid Spanien 28 A5, 39 F3
Madurai Indien 61 C9
Magadan Russland 55 I3
Magdalena Fluss 24 E1
Magdeburg Deutschland 35 E6
Mahajanga Madagaskar 51 F7
Mahakam Fluss 63 F5
Mahanadi Fluss 61 D6
Maiduguri Nigeria 49 F4
Mailand Italien 40 C3
Main Fluss 35 D8
Main-Donau-Kanal 35 E9
Maine US-Bundesstaat 16 F3
Mainland Insel 32 D3
Mainz Deutschland 35 C8
Majuro Marshall-Inseln 68 D2
Makassar siehe Ujung Pandang
Malabo Äquatorial-Guinea 46 B3, 50 A4
Málaga Spanien 39 F6
Malaita Insel 68 C3
Mälarsee 31 E8
Malawi Land 46 D5, 51 D7
Malaysia Land 52 D5, 62 D4
Male Malediven 52 B5, 61 B10
Malediven Land 52 B5, 61 B10
Mali Land 46 B2, 48 E3
Mallorca Insel 28 B5, 39 I4
Malmö Schweden 31 B10
Malta Land 28 C5, 41 D9
Malta Insel 41 E9
Mamoré Fluss 25 F4
Man Insel 28 B3, 33 C7
Manado Indonesien 63 H5
Managua Nicaragua 10 C6, 19 H5
Manama Bahrain 52 B4, 57 H4
Manaus Brasilien 25 G3
Manchester Großbritannien 33 D7
Mandalay Myanmar 62 C1
Mandschurei 65 I2
Manila Philippinen 52 D5, 63 G3
Manitoba Provinz Kanada 13 F5
Manitobasee 13 F5
Mannheim Deutschland 35 C9
Maoke Gebirge 63 J5
Maputo Mosambik 46 D6, 51 D9
Mar del Plata Argentinien 27 E6
Maracaibo Venezuela 24 E1
Maracaibosee 24 E1
Marajó Insel 25 H2
Marañón Fluss 24 E3
Marbella Spanien 38 E6
Marburg (Maribor) Slowenien 40 E2
Marica Fluss 45 E7
Mariupilj Ukraine 43 J5
Markermeer See 35 B6
Marmarameer 45 F7
Marmolada Berg 40 D2
Marne Fluss 37 H2
Marokko Land 46 B1, 48 D1
Marquesas-Inseln 69 F4
Marrakech Marokko 48 D1
Marsala Italien 41 D8
Marseille Frankreich 37 H6
Marshall-Inseln Land 68 C1
Martha's Vineyard Insel 16 F5
Martinique (zu Frankreich) 21 I5
Mary Turkmenistan 59 C7
Maryland US-Bundesstaat 17 E6
Maseru Lesotho 46 D6, 51 C9
Maskat Oman 52 B4, 57 J4
Massachusetts US-Bundesstaat 16 E5
Massaisteppe 50 E5
Matadi Demokratische Republik Kongo 50 A5
Matsuyama Japan 67 F5
Matterhorn Berg 40 B2
Maturín Venezuela 25 G1
Maui Insel 14 B6
Mauna Kea Berg 14 B6
Mauna Loa Berg 14 B6
Mauretanien Land 46 A2, 48 D3
Mauritius Land 46 E5, 51 F9
Mayotte (zu Frankreich) 46 E5, 51 F7
Mazar-i-Sharif Afghanistan 59 D8
Mazedonien Land 28 D5, 45 C7
Mbabane Swasiland 46 D6, 51 D9
Mbandaka Demokratische Republik Kongo 50 B5
Mbeya Tansania 51 D6
Mbuji-Mayi Demokratische Republik Kongo 51 C6
Meadstausee 14 E4
Mecklenburger Bucht 34 E5
Medan Indonesien 62 C4
Medellín Kolumbien 24 E1
Medicine Hat Kanada 12 E5
Medina Saudi-Arabien 57 F4
Meeralpen Gebirge 37 I5
Mekka Saudi-Arabien 57 F5
Mekong Fluss 62 D2, 65 F4
Melbourne Australien 71 H6
Melilla (zu Spanien) 46 B1
Melville-Insel 71 F1
Memel Litauen 42 E2
Memel Fluss 42 E2
Memphis Tennessee, USA 17 A7
Mendoza Argentinien 26 C5
Menorca Insel 28 B5, 39 J3
Mentawai-Inseln 62 C5
Mérida Mexiko 19 G3
Meschhed (Mashhad) Iran 57 I2
Messenischer Golf 45 D10
Messina Italien 41 E7
Meta Fluss 24 E1
Metz Frankreich 37 H2
Mexicali Mexiko 18 B1
Mexiko Land 10 B5, 18 D3
Mexiko-Stadt Mexiko 10 B5, 18 E4
Miami Florida, USA 17 D10
Michigan US-Bundesstaat 16 B5
Michigansee 13 G6, 16 B4
Middlesbrough Großbritannien 33 E6
Mikkeli Finnland 31 F7
Mikronesien Land 68 B2
Milano siehe Mailand
Milwaukee Wisconsin, USA 16 B5
Mindanao Insel 52 D5, 63 H4
Mindoro Insel 63 G3
Minneapolis Minnesota, USA 15 I2
Minnesota US-Bundesstaat 15 H1
Miño Fluss 38 D2
Minsk Weißrussland 28 D3, 43 G3
Mississippi Fluss 15 I2 & J4, 16 A4
Mississippi US-Bundesstaat 17 A8
Missouri Fluss 15 H3
Missouri US-Bundesstaat 15 I4
Mitchell Fluss 71 H2
Mittellandkanal Kanal 35 C6
Mittelmeer 37 H6, 39 I5, 41 A6, 45 E10, 49 G1, 56 D2
Mittelsibirisches Bergland 55 G3
Mjøsensee 31 B7
Mobile Alabama, USA 17 B9
Modena Italien 40 C3
Mogadischu Somalia 46 E4, 49 J5
Mojavewüste 14 D4
Moldau Fluss 42 C5
Moldawien Land 28 D4, 43 G6
Molokai Insel 14 B6
Molukken Inseln 52 E6, 63 H5
Molukkensee Meer 63 H5
Mombasa Kenia 50 E5
Monaco Land 28 B4, 37 I5
Monaco Monaco 37 I5
Mönchengladbach Deutschland 35 B7
Mongolei Land 52 D3, 65 F2
Mongosberge 49 G4
Monrovia Liberia 46 A3, 48 D5
Montana US-Bundesstaat 15 F1
Montblanc Berg 37 I4, 40 B2
Montego Bay Jamaika 20 D4
Monterrey Mexiko 18 E2
Montevideo Uruguay 22 C5, 26 F5
Montgomery Alabama, USA 17 B8
Monti del Gennargentu Berg 41 B6
Montpelier Vermont, USA 16 E4
Montpellier Frankreich 37 G6
Montreal Kanada 13 I6
Montserrat (zu Großbritannien) 21 I4
Monza Italien 40 C3
Mooresee nur zeitweilig Wasser führend 70 D4
Morava Fluss 42 D5
Moroni Komoren 46 E5, 51 F7
Mosambik Land 46 D6, 51 D8
Mosel Fluss 35 C8, 37 H2
Moskau Russland 28 E3, 54 C3
Moskitogolf 19 I6
Mostar Bosnien u. Herzegowina 45 B6
Mosul Irak 57 G2
Moulmein Myanmar 62 C2
Mount Aspiring Berg 72 B5
Mount Cook Berg 72 B5
Mount Isa Australien 71 G2
Mount Egmont Berg 72 D3
Mount Elbert Berg 15 F3
Mount Everest Berg 60 D5, 64 D5
Mount Kosciusko Berg 71 I5
Mount Logan Berg 12 C3
Mount McKinley Berg 14 B4
Mount Olympus Berg 14 D1
Mount Ossa Berg 71 H6
Mount Rainier Berg 14 D1
Mount Rogers Berg 17 C7
Mount Saint Helens Berg 14 D1
Mount Shasta Berg 14 D2
Mount Vancouver Berg 12 C3
Mount Waddington Berg 12 C5
Mount Washington Berg 16 E4
Mount Whitney Berg 14 D4
Mount Wilson Berg 15 F4
Mujunkum Wüste 59 D6
Mulhacén Berg 39 F6
Mülhausen Frankreich 37 I3
Mull Insel 32 C5
Multan Pakistan 58 D9
Mumbai siehe Bombay
München Deutschland 35 E10
Munku-Sardyk Berg 55 G5
Münster Deutschland 37 C7
Muonioälv Fluss 30 D4
Mur Fluss 40 E2
Murcia Spanien 39 G5
Mures Fluss 44 D5
Müritz See 34 E5
Murmansk Russland 54 D2, 73 oben D5
Murray Fluss 71 H5
Musala Berg 45 D7
Musi Fluss Indonesien 62 D5
Mutare Simbabwe 51 D8
Mwanza Tansania 50 D5
Mwerusee 51 D6
Myanmar Land 52 C4, 62 C1

N

Nagano Japan 67 H4
Nagasaki Japan 66 E6
Nagoya Japan 67 G5
Nagpur Indien 61 C6
Nairobi Kenia 46 D4, 50 E5
Namib Wüste 51 A8
Namibia Land 46 C5, 51 B8
Nampula Mosambik 51 E7
Namur Belgien 35 A8
Nan Fluss 62 D2
Nanchang China 65 I5
Nancy Frankreich 37 H2
Nanga Parbat Berg 59 E8
Nanjing China 65 I4
Nanning China 65 H6
Nansei-Inseln 52 E4, 66 E6
Nantes Frankreich 36 E3
Nantucket-Insel 16 F5
Napo Fluss 24 E2
Nara Japan 67 G5
Narew Fluss 42 E3
Narmada Fluss 61 B6
Narodnaja Berg 54 E3
Narvik Norwegen 30 D4
Nashville Tennessee, USA 17 B7
Nassau Bahamas 10 D5, 20 D1
Nassersee 49 H3
Natal Brasilien 25 J3
Natuna-Besar-Inseln 62 E4
Nauru Land 68 C2
N'Djamena Tschad 46 C3, 49 G4
Ndola Sambia 51 D7
Neapel Italien 41 E6
Nebraska US-Bundesstaat 15 G3
Neckar Fluss 35 D9
Nefud Wüste 57 F3
Negro Fluss 25 F2

Negros Insel 63 G3
Neiße Fluss 35 F7
Nelson Fluss 13 F5
Nenjiang Fluss 65 I1
Nepal Land 52 C4, 60 C4
Nettillingsee 13 H3
Neubritannien Insel 68 C3
Neu-Delhi Indien 52 C4, 60 C4
Neuenburger See 40 A2
Neuirland Insel 68 C2
Neukaledonien (zu Frankreich) 68 C3
Neuseeland Land 68 C4, 72 E4
Neuseeländische Alpen Gebirge 72 B5
Neusibirische Inseln 52 E1, 55 G2, 73 oben D2
Neusiedler See 40 F1
Nevada US-Bundesstaat 14 D3
Nevis Insel 21 I4
New Brunswick Provinz Kanada 13 I5
New Hampshire US-Bundesstaat 16 E4
New Jersey US-Bundesstaat 16 E5
New Mexico US-Bundesstaat 15 F5
New Orleans Louisiana, USA 15 J6
New South Wales Bundesstaat Australien 71 H4
New York New York, USA 16 E5
New York US-Bundesstaat 16 D4
Newcastle Australien 71 I5
Newcastle-upon-Tyne Großbritannien 33 E6
Newfundland Insel 13 J5
Newfoundland & Labrador Provinz Kanada 13 I4
Newman Australien 70 D3
Ngauruhoe Berg 72 D3
Niagarafälle Wasserfall 16 D4
Niamey Niger 46 B3, 48 E4
Nicaragua Land 10 C6, 19 H5
Nicaraguasee 19 H6
Niederlande Land 28 B3, 34 B6
Niederländische Antillen (zu den Niederlanden) 10 E6, 21 G6 und I4
Niger Fluss 48 E4
Niger Land 46 B2, 49 F3
Nigeria Land 46 B3, 49 F4
Niigata Japan 67 H4
Nikobaren Inseln 52 C5, 61 F9, 62 C4
Nil Fluss 49 H3
Nimes Frankreich 37 G5
Nimwegen Niederlande 35 B7
Nipigonsee 13 G6
Nis Serbien u. Montenegro 45 C6
Nishnij Nowgorod Russland 54 D3
Niue (zu Neuseeland) 68 E3
Nizza Frankreich 37 I5
Njassasee 51 E7
Nordamerika Kontinent 10–21
Nordfriesische Inseln 34 C4
Nordinsel 72 D2
Nordirland Landesteil von Großbritannien 28 B3, 33 C6
Nordkorea Land 52 E4, 66 D3
Nördliche Cook-Inseln 68 E3
Nördliche Dwina Fluss 54 D2
Nördliche Marianen (zu USA) 68 B1
Nördliche Sporaden Inseln 45 D8
Nord-Ostsee-Kanal 34 D5
Nordpol 73 oben C3
Nordpolarmeer 12 E1, 30 C3, 55 F1, 73 oben B2
Nordsee Meer 31 A9, 33 F6, 34 B5
Norfolk Virginia, USA 17 E6
Norfolk-Insel (zu Australien) 68 D4
Norrköping Schweden 31 C8
North Carolina US-Bundesstaat 17 D7
North Dakota US-Bundesstaat 15 G1
North Platte Fluss 15 G3
North Saskatchewan Fluss 12 E5
North Uist Insel 32 B4
Northampton Großbritannien 33 E8
Northern Territory Bundesstaat Australien 71 F2
Northwest Territories Provinz Kanada 12 D3
Norwegen Land 28 C3, 31 B7
Norwich Großbritannien 33 F8
Nottingham Großbritannien 33 E8
Nouakchott Mauretanien 46 A2, 48 C3
Nova Scotia Provinz Kanada 13 J5
Novara Italien 40 B3
Novi Sad Serbien u. Montenegro 44 C5
Nowaja Semlja Inseln 54 E2, 73 oben D4
Nowokusnezk Russland 55 F4
Nowosibirsk Russland 55 F4
Nu Jiang Fluss 64 E4 siehe auch Saluën
Nubische Wüste Sudan 49 I3
Nukualofa Tonga 68 D3
Nunavut Provinz Kanada 13 F3
Nunivak-Insel 14 B4
Nürnberg Deutschland 35 E9
Nuuk Grönland 10 E2, 73 oben A5

O

Oahu Insel 14 B5
Ob Fluss 54 E3
Oban Schottland 32 C5
Oberer See 13 G6, 15 I1, 16 A3
Ochotskisches Meer 55 I3
Odense Dänemark 31 B10
Oder Fluss 35 F6, 42 D4
Odessa Ukraine 43 H6
Ogbomosho Nigeria 48 E4
Ohio Fluss 17 C6
Ohio US-Bundesstaat 17 C6
Ohridsee 45 C8
Oise Fluss 37 G1
Ojos del Salado Berg 26 C4
Okavango-Delta 51 B8
Okayama Japan 67 F5
Okeechobeesee 17 C10
Oklahoma US-Bundesstaat 15 H4
Oklahoma City Oklahoma, USA 15 H4
Okushiri Insel 67 H2
Öland Insel 28 C3, 31 C9
Oldenburg Deutschland 35 C6
Olenjok Fluss 55 G2
Oljokma Fluss 55 H4
Olt Fluss 45 D6
Olymp Berg 45 D8
Olympia Washington, USA 14 D1
Omaha Nebraska, USA 15 I3
Oman Land 52 B5, 57 I5
Omdurman Sudan 49 H3
Omsk Russland 54 E4
Onegasee 54 D2
Ontario Provinz Kanada 13 G5
Ontariosee 13 H6, 16 D4
Oran Algerien 48 E1
Orange Frankreich 37 H5
Oranje Fluss 51 B9
Oranjestad Aruba 21 G6
Örebro Schweden 31 C8
Oregon US-Bundesstaat 14 D2
Orense Spanien 38 D2
Orinoco Fluss 25 F1
Orkney-Inseln 28 B2, 32 D3
Orlando Florida, USA 17 C9
Orléans Frankreich 37 F3
Ortler Berg 40 C2
Oruro Bolivien 25 F5
Osaka Japan 67 G5
Osch Kirgisistan 59 E7
Ösel Insel 42 E1
Oslo Norwegen 28 C2, 31 B8
Osnabrück Deutschland 35 C6
Ostchinesisches Meer 65 J4, 66 C6
Ostende Belgien 35 A7
Österreich Land 28 C4, 40 E1
Östersund Schweden 31 C6
Ostfriesische Inseln 34 C5
Ostghats Gebirge 61 C8
Östliche Sierra Madre Gebirge 18 D2
Ostsee Meer 31 C10, 34 F4, 42 E1
Ostsibirische See Meer 55 H1, 73 oben D1
Osttimor Land 52 E6, 63 H6
Ottawa Kanada 10 D4, 13 H6
Ouagadougou Burkina Faso 46 B3, 48 E4
Ouessant Insel 36 C2
Ouesso Kongo 50 B4
Oulu Finnland 30 E5
Oulusee 31 E6
Ounasjoki Fluss 30 E4
Oviedo Spanien 38 E1
Oxford Großbritannien 33 E8

P

Padua Italien 40 D3
Paijännesee 31 E7
Pakistan Land 52 B4, 59 C10
Palau Land 68 A2
Palawan-Insel 63 F3
Palembang Indonesien 62 D5
Palermo Italien 41 D8
Palikir Mikronesien 68 C2
Palma de Mallorca Spanien 39 J4
Palmyra-Insel (zu USA) 68 E2
Pamir Gebirge 59 E7
Pampa geo. Region 27 D6
Pamplona Spanien 39 G1
Panamá Land 10 D6, 19 I6
Panamá Panamá 10 D6, 19 I6
Pantelleria Insel 41 C8
Papua Insel 52 E6
Papua-Neuguinea Land 68 B3
Paracel-Inseln 62 E2
Paraguay Fluss 26 F3
Paraguay Land 22 C4, 26 E3
Paramaribo Suriname 22 C1, 25 H1
Paraná Fluss 25 H5, 26 E4
Paranaíba Fluss 25 H5
Paris Frankreich 28 B4, 37 F2
Parma Italien 40 C3
Parnaíba Fluss 25 I3
Parry-Inseln 13 F2
Passau Deutschland 35 F9
Patagonien geo. Region 27 C9
Patkaigebirge 60 F5
Patos-Lagune 25 H6
Patras Griechenland 45 C9
Patuca Fluss 19 H5
Pau Frankreich 36 E6
Pawlodar Kasachstan 58 E4
Pazifischer Ozean 12 C5, 14 C5, 24 D5, 26 B5, 63 H4, 67 G6 u. I4, 72 D5, 73 unten A5
Peace Fluss 12 E4
Pecos Fluss 15 G5
Pecs Ungarn 42 D6
Peipussee 43 G1
Peking China 52 D4, 65 H3
Pennines Gebirge 33 D6
Pennsylvania US-Bundesstaat 16 D5
Penzance Großbritannien 33 C10
Perm Russland 54 D3
Perpignan Frankreich 37 G6
Persischer Golf 57 H3
Perth Australien 70 D5
Perth Schottland 32 D5
Peru Land 22 A3, 24 E4
Perugia Italien 40 D4
Pescara Italien 40 E5
Peshawar Pakistan 59 D8
Petschora Fluss 54 E2
Pewek Russland 73 oben C1
Philadelphia Pennsylvania, USA 16 E5
Philippinen Land 52 D5, 63 F3
Phnom Penh Kambodscha 52 D5, 62 D3
Phoenix Arizona, USA 14 E5
Phoenix-Inseln 68 E2
Phuket Thailand 62 C4
Pico de Orizaba Vulkan 18 E4
Pico Duarte Berg 21 F3
Pielissee 31 F6
Pierre South Dakota, USA 15 H2
Pietermaritzburg Südafrika 51 D9
Pik Kommunismus Berg 59 D7
Pik Pobedy Berg 59 F6 64 D2
Pilcomayo Fluss 26 E3
Pindos Gebirge 45 C8
Pinios Fluss 45 C8
Piräus Griechenland 45 D9
Pisa Italien 40 C4
Pitcairn Insel 69 G4
Pitcairn-Inseln (zu Großbritannien) 69 G4
Pittsburgh Pennsylvania, USA 16 D5
Piz Bernina Berg 40 C2
Pjöngjang Nordkorea 52 E4, 66 C3
Platte Fluss 15 H3
Plattensee 42 D6
Plauer See 34 E5
Pleskauer See 43 G1
Ploiesti Rumänien 45 E5
Plovdiv Bulgarien 45 E7
Plymouth Großbritannien 33 D9
Po Fluss 40 B3
Pobeda Berg 55 I2
Pointe-Noire Kongo 50 A5
Poitiers Frankreich 36 E4
Polen Land 28 C4, 42 D3
Pommersche Bucht 34 F5, 42 C3
Pontianak Indonesien 62 E5
Poopósee 25 F5
Popocatépetl Vulkan 18 E4
Port Augusta Australien 71 G5
Port Elizabeth Südafrika 51 C10
Port Louis Mauritius 51 F10
Port Moresby Papua-Neuguinea 68 B3
Port of Spain Trinidad u. Tobago 10 E6, 21 I6
Port Pirie Australien 71 G5
Port Said Ägypten 49 H2
Port Sudan Sudan 49 I3
Port Vila Vanuatu 68 D3
Port-au-Prince Haiti 10 D6, 21 F4
Port-de-Paix Kuba 21 F3
Port-Gentil Gabun 50 A5
Portland Oregon, USA 14 D1
Porto Portugal 38 C3
Porto Alegre Brasilien 25 H6
Porto Novo Benin 46 B3, 48 E5
Portsmouth Großbritannien 33 E9
Portugal Land 28 A5, 38 C3
Posadas Argentinien 26 F4
Posen Polen 42 D4
Potsdam Deutschland 35 F6
Powellstausee 15 F4
Poyang Hu China 65 I5
Poznan siehe Posen
Prag Tschechische Republik 28 C4, 42 C5
Praia Kap Verde 48 C3
Pressburg Slowakei 28 C4, 43 D5
Pretoria Südafrika 46 D6, 51 C9
Prince Edward Island Provinz Kanada 13 J5
Prince George Kanada 12 D4
Prince of Wales-Insel (Kanada) 13 F2, 73 oben A3
Prince Rupert Kanada 12 C4
Príncipe Insel 50 A4
Pripjat Fluss 43 G4
Pristina Serbien u. Montenegro 45 C7
Prizren Serbien u. Montenegro 45 C7
Providence Rhode Island, USA 16 F5
Pruth Fluss 43 G6, 44 E4
Puebla Mexiko 18 E4
Pueblo Colorado, USA 15 G4
Puerto Baquizero Moreno Galápagos-Inseln 24 E6
Puerto Rico (zu USA) 10 E6, 21 H3
Puncak Jaya Berg 63 J6
Pune Indien 61 B8
Punta Arenas Chile 27 C9
Purus Fluss 25 F3
Pusan Südkorea 66 D5
Putumayo Fluss 24 E2
Puy de Sancy Berg 37 G4
Pyrenäen Gebirge 36 E6, 39 G1

Q

Qaanaaq Grönland 73 oben B3
Qaidambecken geo. Region 64 E3
Qaqortoq Grönland 73 oben A5
Qilian Shan Gebirge 65 F3
Qingdao siehe Tsingtau
Qinghai Hu See 65 F4
Qiqihar China 65 I1
Qom Iran 57 H2
Quebec Kanada 13 I6
Quebec Provinz Kanada 13 H5
Queen Elizabeth-Inseln 13 F1, 73 oben B3
Queensland Bundesstaat Australien 71 H3
Queenstown Neuseeland 72 B5
Quetta Pakistan 59 D9
Quimper Frankreich 36 C2
Quito Ecuador 22 A2, 24 D2

R

Raab (Raba) Fluss 40 E2, 42 D6
Rabat Marokko 46 B1, 48 E1
Raleigh North Carolina, USA 17 D7
Rangun Myanmar 52 C5, 62 C2
Ras Daschan Berg 49 I4
Rätische Alpen Gebirge 40 C2
Ravenna Italien 40 D3
Rawalpindi Pakistan 59 E8
Reading Großbritannien 33 E9
Recife Brasilien 25 J3
Red Hill Berg 14 B6
Red River Fluss 15 H5
Reggio di Calabria Italien 41 E8
Regina Kanada 12 E5
Reims Frankreich 37 G2
Rennes Frankreich 36 E2
Reno Fluss 40 D3
Reno Nevada, USA 14 D3
Rentiersee 13 F4
Resistencia Argentinien 26 E4
Réunion (zu Frankreich) 46 E6, 51 E10
Reval Estland 28 D3, 43 F1
Reykjavík Island 28 A1, 30 E2
Rhein Fluss 35 C9, 37 I2, 40 B1
Rhode Island US-Bundesstaat 16 F5
Rhodopen Gebirge 45 D7
Rhodos Insel 28 D6, 45 F10
Rhön Gebirge 35 D8
Rhône Fluss 37 H5, 40 B2
Riad Saudi-Arabien 52 A4, 57 G4
Richmond Virginia, USA 17 D6
Riga Lettland 28 D3, 43 F2
Rigaischer Meerbusen 43 F1
Rimini Italien 40 D4
Río Bravo del Norte Fluss 18 D1 siehe auch Rio Grande
Rio das Mortes Fluss 25 H4
Rio de Janeiro Brasilien 25 I5
Río de la Plata Mündung 26 F5
Rio Grande Fluss (Brasilien) 25 I5
Rio Grande Fluss (USA/Mexiko) 15 G5, 18 D1 siehe auch Río Bravo del Norte
Río Negro Fluss 27 D6
Rockhampton Australien 71 I3
Rocky Mountains Gebirge 12 D3, 14 E1
Rom Italien 28 C5, 40 D5
Roosevelt-Insel 73 unten C4
Rosario Argentinien 26 E5
Roseau Dominica 21 I5
Rossmeer 73 unten C4
Rostock Deutschland 34 E5
Rostow Russland 54 C4
Roter Fluss (China/Vietnam) 62 D1, 65 F6
Rotes Meer 49 I2, 56 E4
Rotorua Neuseeland 72 E2
Rotoruasee 72 E2
Rotterdam Niederlande 35 A6
Rouen Frankreich 37 F2
Rovuma Fluss 51 E7
Roxburgh Neuseeland 72 B6
Ruanda Land 46 D4, 50 D5
Ruapehu Berg 72 D3
Rub al-Khali Wüste 57 G5
Rufiji Fluss 51 E6
Rügen Insel 34 F5
Rumänien Land 28 D4, 44 D5
Ruse Bulgarien 45 E6
Russland Land 28 D3 & E2, 42 E3, 52 B2, 54–55

S

Saale Fluss 35 E7
Saarbrücken Deutschland 35 B9
Saaremaa siehe Ösel
Sachalin Insel 52 E3, 55 J4
Sacramento Fluss 14 D3
Sacramento California, USA 14 D3
Sado Insel 67 H3
Sagamibucht 67 H5
Sahara von Marokko besetzt 46 A1, 48 D2
Sahara Wüste 48 D3
Sahel geo. Region 48 D3
Saimaasee 31 F7
Saint Paul Minnesota, USA 15 I2
Saissansee 58 F5
Sajama Berg 25 F5
Sajnschand Mongolei 65 G2
Sakai Japan 67 G5
Sakakawea-Stausee 15 G1
Salado Fluss 26 D4, 27 D6
Salalah Oman 57 I6
Salamanca Spanien 38 E3
Salem Oregon, USA 14 D1
Salerno Italien 41 E6
Salomonen Land 68 C3
Saloniki Griechenland 45 D8
Salt Lake City Utah, USA 14 E3
Saltonsee 14 D5
Salvador Brasilien 25 J4
Saluën Fluss 62 C1 siehe auch Nu Jiang
Salzach Fluss 40 D1
Salzburg Österreich 40 D1
Samar Insel 63 H3
Samara Russland 54 D4
Samarkand Usbekistan 59 D7
Samarra Irak 57 G2
Sambesi Fluss 51 C7
Sambia Land 46 C5, 51 C7
Sambre Fluss 35 A8
Samoa Land 68 E3
Samos Insel 45 E9
San Fluss 42 E4
San Antonio Texas, USA 15 H6
San Cristóbal Insel 68 C3
San Cristóbal Insel 24 E6
San Diego California, USA 14 D5
San Francisco California, USA 14 C3
San Jose California, USA 14 C3
San José Costa Rica 10 C6, 19 H6
San Juan Fluss 19 H5
San Juan Puerto Rico 21 H4
San Marino Land 28 C4, 40 C4
San Marino San Marino 40 D4
San Miguel de Tucumán Argentinien 26 D4
San Rafael Argentinien 26 C5
San Salvador El Salvador 10 C6, 19 G5
San Salvador Insel 24 D5
San Sebastián Spanien 39 G1
Sana Jemen 52 A5, 57 G6
Sansibar Insel 51 E6
Sansibar Tansania 51 E6
Santa Cruz Fluss 27 C9
Santa Cruz Insel 24 E6
Santa Cruz Kanarische Inseln 48 D2
Santa-Cruz-Inseln 68 C3
Santa Fé Argentinien 26 E5
Santa Fe New Mexico, USA 15 G4
Santa Isabel Insel 68 C3
Santander Spanien 39 F1
Santarém Portugal 38 C4
Santiago Chile 22 B5, 26 C5
Santiago Dominikanische Republik 21 F3
Santiago de Compostela Spanien 38 C1
Santiago de Cuba Kuba 20 E3
Santiago del Estero Argentinien 26 D4
Santo Domingo Dominikaniche Republik 10 E6, 21 G4
Santo Tomás Vulkan 24 D6
Santorin Insel 45 E10
São Francisco Fluss 25 I4
São Manuel Fluss 25 G3
São Paulo Brasilien 25 I5
São Tomé Insel 50 A4
São Tomé São Tomé und Principe 46 B4, 50 A5
São Tomé und Principe Land 46 B4, 50 A4
Saône Fluss 37 H4
Sapporo Japan 67 I2
Sarajevo Bosnien u. Herzegowina 28 C5, 45 B6
Sardinien Insel 28 B5, 41 B6
Sartène Korsika 37 J6
Saskatchewan Provinz Kanada 12 E4
Saskatoon Kanada 12 E5
Sassari Italien 41 B6
Saudi-Arabien Land 52 A4, 57 F5
Sault Ste. Marie Kanada 13 G6
Savaii Insel 68 E3
Savannah Fluss 17 C8
Savannah Georgia, USA 17 C8
Save Fluss 40 E2, 44 B5
Schiras (Shiraz) Iran 57 H3
Schneekoppe Berg 42 C4
Schottland Landesteil von Großbritannien 32 D5
Schwäbische Alb Gebirge 35 C10
Schwarzer Fluss 62 D1
Schwarzes Meer 43 H6, 45 F7, 54 B4
Schweden Land 28 C2, 31 C7
Schweiz Land 28 C4, 40 B2
Schweriner See 34 E5
Scilly-Inseln 33 B10
Seattle Washington, USA 14 D1
Seeland Insel 31 B10
Segre Fluss 39 I2
Segura Fluss 39 G5
Seine Fluss 37 F2
Selenga Fluss 65 F1
Semarang Indonesien 62 E6
Sendai Japan 67 H3
Sendaibai 67 I4
Senegal Fluss 48 D3
Senegal Land 46 A2, 48 C4
Seoul Südkorea 52 E4, 66 D4
Seram Insel 63 H5
Serbien u. Montenegro Land 28 D5, 45 C6
Serengeti-Nationalpark 50 D5
Serra Geral Gebirge 25 H6
Setúbal Portugal 38 C4
Severn Fluss 33 E8
Sevilla Spanien 38 E5
Sewastopol Ukraine 43 I6

Sewernaja Semlja *Inseln* 52 D1, 55 F2, 73 oben D3
Seychellen *Land* 46 E4, 50 F3
Sfax Tunesien 49 F1
Shan *Hochebene* 62 C1
Shanghai China 65 I4
Shannon *Fluss* 33 B8
Sheffield Großbritannien 33 E7
Shenyang China 65 I2
Shetland-Inseln 28 B2, 32 D2
Shikoku *Insel* 67 F5
Sibiren 55 G3
Siena Italien 40 C4
Sierra Leone *Land* 46 A3, 48 C4
Sierra Madre *Gebirge* 19 F5
Sierra Morena *Gebirge* 38 D5
Sierra Nevada *Gebirge* 14 D3, 39 F6
Simbabwe *Land* 46 D5, 51 C8
Simpsonwüste 71 G3
Singapur *Land* 52 D5, 62 D5
Singapur Singapur 52 D5, 62 D5
Sioux Falls South Dakota, USA 15 H2
Siret *Fluss* 44 E5
Siwalikkette *Gebirge* 60 C4
Sizilien *Insel* 28 C5, 41 D8
Skellefteälv *Fluss* 30 D5
Sklavenfluss 12 E4
Skopje Mazedonien 28 D5, 45 C7
Skutarisee 45 B7
Skye *Insel* 32 C4
Slowakei *Land* 28 C4, 42 D5
Slowenien *Land* 28 C4, 40 E2
Smolikas *Berg* 45 C8
Snake *Fluss* 14 D1 & E2
Snowdon *Berg* 33 D8
Sofia Bulgarien 28 D5, 45 D7
Sognim Nordkorea 66 C3
Sokotra *Insel* 46 E3, 52 B5
Solway Firth 33 D6
Somalia *Land* 46 E4, 49 J5
Somerset-Insel 13 F2
Somme *Fluss* 37 G1
Sousse Tunesien 49 F1
South Australia *Bundesstaat* Australien 71 F4
South Carolina *US-Bundesstaat* 17 D7
South Dakota *US-Bundesstaat* 15 G2
South Platte *Fluss* 15 G3
South Saskatchewan *Fluss* 12 E5
South Uist *Insel* 32 B4
Southampton Großbritanien 33 E9
Southern Uplands *Gebirge* 33 D6
Southport Australien 71 J4
Spanien *Land* 28 A5, 38 E4
Sparta Griechenland 45 D9
Spencergolf 71 G5
Spey *Fluss* 32 D4
Spiez Schweiz 40 B2
Spitzbergen *(zu Norwegen)* 73 oben C4
Split Kroatien 45 B6
Spokane Washington, USA 14 E1
Spratly-Inseln 63 F3
Spree *Fluss* 35 F7
Springfield Illinois, USA 17 A6
Sri Jayawardenepura (Kotte) Sri Lanka 52 C5, 61 C9
Sri Lanka *Land* 52 C5, 61 C9
Srinagar Indien 60 B3
St.-Denis Réunion 51 E10
St.-Étienne Frankreich 37 G4
St. Gallen Schweiz 40 C1
St. George's Grenada 21 I6
St. Helena *Insel* 46 B5
St. John Kanada 13 I6
St. John's Antigua u. Barbuda 21 I4
St. John's Kanada 13 J5
St. Kitts *Insel* 21 I4
St. Kitts u. Nevis *Land* 10 E6, 21 I4
St.-Lorenz-Golf 13 J5
St.-Lorenz-Insel 14 A4
St.-Lorenz-Strom *Fluss* 13 I5
St. Louis Missouri, USA 15 J3
St. Lucia *Land* 10 E6, 21 I5
St. Martin *(zu Frankreich und den Niederlanden)* 21 I4
St.-Nazaire Frankreich 36 D3
St. Petersburg Russland 54 C2
St.-Philippe Réunion 51 E10
St. Pierre u. Miquelon *(zu Frankreich* 10 E4, 13 J5
St. Vincent *Insel* 21 J5
St. Vincent und die Grenadinen *Land* 10 E6, 21 I5
Stanley Falkland-Inseln 27 E9
Stavanger Norwegen 31 A8
Steinige Tunguska *Fluss* 55 F4
Stettin (Szczecin) Polen 42 C3
Stettiner Haff 34 F5
Stewart-Insel 72 B6
Stockholm Schweden 28 D3, 31 D8
Stoke-on-Trent Großbritannien 33 D8
Storsee 31 C6
Straßburg Frankreich 37 I2
Straße von Mosambik 51 E8
Straße vonYucatán 19 G3, 20 B2
Stromboli *Insel* 41 E7
Stuttgart Deutschland 35 D9
Sucre Bolivien 22 C3, 25 F5
Südafrika *Land* 46 C6, 51 B10
Südamerika *Kontinent* 22–27
Sudan *Land* 46 D3, 49 H3
Sudbury Kanada 13 H6
Südchinesisches Meer 63 F3, 65 I6
Südinsel *Insel* 72 B4
Südkarpaten *Gebirge* 44 D5
Südkorea *Land* 52 E4, 66 E4
Südliche Cook-Inseln 68 E3
Südliche Sierra Madre *Gebirge* 18 E4
Südlicher Bug *Fluss* 43 H5
Südlicher Indianersee 13 F5
Südpol 73 unten C3
Suez Ägypten 49 H2
Suezkanal 49 H2
Sula-Inseln 63 H5
Sulusee *Meer* 63 G4
Sumatra *Insel* 52 D6, 62 D5
Sunderland Großbritannien 33 E6
Sundsvall Schweden 31 D7
Sungari *Fluss* 65 I2
Surabaya Indonesien 63 F6
Surat Indien 61 B6
Suriname *Land* 22 C1, 25 G2
Suva Fidschi 68 D3
Svartisen *Gletscher* 30 C5
Swansea Großbritannien 33 D9
Swasiland *Land* 46 D6, 51 D9
Sydney Australien 71 I5
Syrakus Italien 41 E8
Syrdarja *Fluss* 59 C6
Syrien *Land* 52 A4, 57 F2
Syrische Wüste 57 F2

T

Täbris Iran 57 G1
Tadschikistan *Land* 52 B4, 59 D7
Taegu Südkorea 66 D4
Tahat *Berg* 49 F2
Tahiti *Insel* 69 F3
Taipeh Taiwan 52 D4, 65 J5
Taisetsu *Berg* 67 I1
Taiwan *Land* 52 D4, 65 J6
Taiyuan China 65 H3
Ta'izz Jemen 57 G6
Tajumulco *Vulkan* 19 F5
Takla Makan *Wüste* 64 D3
Tal des Todes 14 D4
Tallahassee Florida, USA 17 C9
Tallinn *siehe* Reval
Tampa Florida, USA 17 C9
Tampere Finnland 31 E7
Tana *Fluss* 30 E3 *siehe auch* Tenojoki
Tanami *Wüste* 71 F2
Tanasee 49 I4
Tanga Tansania 50 E5
Tanganjikasee 51 D6
Tanger Marokko 48 E1
Tangshan China 65 I3
Tanimbar-Inseln 63 I6
Tansania *Land* 46 D4, 51 D6
Tapajós *Fluss* 25 G3
Taranaki *siehe* Mount Egmont
Tarent Italien 41 F6
Tarim He *Fluss* 64 D3
Tarn *Fluss* 37 G5
Tarragona Spanien 39 I2
Tartu *siehe* Dorpat
Taschkent Usbekistan 52 B4, 59 D7
Tasmania *Bundesstaat* Australien 71 H6
Tasmanien *Insel* 68 B5
Tasmansee *Meer* 71 J6, 72 C4
Tauposee 72 E2
Taurus *Gebirge* 56 E2
Tavira Portugal 38 D5
Tees *Fluss* 33 E6
Tegucigalpa Honduras 10 C6, 19 G5
Teheran Iran 52 B4, 57 H2
Tejo (Tajo) *Fluss* 38 C4, 38 E4
Temeschburg Rumänien 44 C5
Teneriffa *Insel* 48 C2
Tengissee 58 D5
Tennessee *Fluss* 17 C7
Tennessee *US-Bundesstaat* 17 A7
Tenojoki *Fluss* 30 E3 *siehe auch* Tana
Terni Italien 40 D5
Tessiner Alpen *Gebirge* 40 B2
Texas *US-Bundesstaat* 15 H6
Thailand *Land* 52 D5, 62 D2
Tharr *Wüste* 59 D10, 60 A5
Theiß *Fluss* 42 E6, 44 C5
Themse *Fluss* 33 E9
Thessaloniki *siehe Saloniki*
Thimbu Bhutan 52 C4, 60 E5
Thionville Frankreich 37 H2
Thomson *Fluss, nur zeitweilig Wasser führend* 71 H3
Thunder Bay Kanada 13 G6
Tian Shan *Gebirge* 59 E7, 64 C2
Tianjin China 62 I3
Tiber *Fluss* 40 D5
Tibet 64 D4
Tierra del Fuego *siehe* Feuerland
Tiflis Georgien 52 A3, 57 G1
Tigris *Fluss* 57 G3
Tijuana Mexiko 18 B1
Tiksi Russland 73 oben D2
Tilburg Niederlande 35 B7
Timbuktu Mali 48 E3
Timisoara *siehe* Temeschburg
Timor *Insel* 63 H6
Timorsee *Meer* 70 E1
Tirana Albanien 28 D5, 45 C7
Tirso *Fluss* 41 B6
Tisa *siehe* Theiß
Titicacasee 25 F4
Tobago *Insel* 21 J6
Tobol *Fluss* 58 C4
Tocantins *Fluss* 25 H4
Togo *Land* 46 B3, 48 E4
Tokelau *(zu Neuseeland)* 68 E3
Tokio Japan 52 E4, 67 H5
Toledo Ohio, USA 16 C5
Toledo Spanien 39 F4
Tomsk Russland 55 F4
Tonga *Land* 68 D3
Tongatapu *Insel* 68 D3
Topeka Kansas, USA 15 I3
Torneälv *Fluss* 30 E4
Torneträsk *See* 30 D4
Toronto Kanada 13 H6
Torrenssee *nur zeitweilig Wasser führend* 71 G4
Torreón Mexiko 18 D2
Toubkal *Berg* 48 D2
Toulon Frankreich 37 H6
Toulouse Frankreich 37 F6
Tours Frankreich 37 F3
Townsville Australien 71 I2
Toyama Japan 67 G4
Transarktisches Gebirge 73 unten B3
Trasimenischer See 40 D4
Trent *Fluss* 33 E8
Trento *siehe* Trient
Trenton New Jersey, USA 16 E5
Trient Italien 40 C2
Trier Deutschland 35 B8
Triest Italien 40 E3
Trinidad *Insel* 21 J6
Trinidad u. Tobago *Land* 10 E6, 21 J6
Tripolis Griechenland 45 D9
Tripolis Libyen 46 C1, 49 F1
Tromsø Norwegen 30 D3, 73 oben D5
Trondheim Norwegen 31 B6
Troyes Frankreich 37 G2
Trujillo Peru 24 D3
Tschad *Land* 46 C2, 49 G3
Tschadsee 49 G4
Tschechische Republik *Land* 28 C4, 42 C5
Tscheljabinsk Russland 54 D4
Tschernobyl Ukraine 43 H4
Tscherskigebirge 55 H2
Tschita Russland 55 H5
Tshuapa *Fluss* 50 C5
Tsingtau China 65 I3
Tsushima *Inseln* 66 E5
Tuamotu-Archipel *Inseln* 69 F3
Tucson Arizona, USA 14 E5
Tuktoyaktuk Kanada 73 oben A1
Tulsa Oklahoma, USA 15 I4
Tunesien *Land* 46 C1, 49 F1
Tunis Tunesien 46 C1, 49 F1
Turin Italien 40 B3
Turkanasee 50 E4
Türkei *Land* 28 D5, 52 A4, 56 E1
Turkmenistan *Land* 52 B4, 59 B7
Turks- u. Caicos-Inseln *(zu Großbritannien)* 10 D5, 21 F3
Turku Finnland 31 E8
Turpanbecken *geo. Region* 64 E2
Tuvalu *Land* 68 D2
Tuz gölü *See* 56 E1
Tweed *Fluss* 33 D6
Tyne *Fluss* 33 E6
Tyrrhenisches Meer 41 C6

U

Ubangi *Fluss* 49 G5, 50 B4
Ucayali *Fluss* 24 E3
Uchiurabai 67 H2
Uëlle *Fluss* 50 C4
Uganda *Land* 46 D4, 50 D4
Ukraine *Land* 28 D4, 43 G5
Ujung Pandang Indonesien 63 G6
Ulan Bator Mongolei 52 D3, 65 G2
Ulan-Ude Russland 55 G5
Ullung *Insel* 66 E4
Ulm Deutschland 35 D9
Uluru *siehe* Ayers Rock
Umeå Schweden 31 D6
Umeälv *Fluss* 31 D6
Ungarn *Land* 28 C4, 42 D6
Ungavabai 13 H4
Untere Tunguska *Fluss* 55 F3
Uppsala Schweden 31 D8
Ural *Fluss* 54 D4, 58 A5
Uralgebirge 54 E3
Uralsk Kasachstan 58 A4
Urgentsch Usbekistan 59 C7
Urmiasee 57 G1
Uruguay *Fluss* 25 H6, 26 F4
Uruguay *Land* 22 C5, 26 F5
Urumchi (Urumqi) China 64 E2
Usbekistan *Land* 52 B3, 59 C7
Usedom *Insel* 34 F5
Ussuri *Fluss* 65 J1
Ustjurtplateau *Hochebene* 59 B6
Utah *US-Bundesstaat* 14 E3
Utrecht Niederlande 35 B6
Uvs Nuur *See* 64 E1

V

Vaal *Fluss* 51 C9
Vaasa Finnland 31 D6
Vaduz Liechtenstein 28 C4, 40 C2
Vaiaku Tuvalu 68 D3
Valence Frankreich 37 H5
Valencia Spanien 39 H4
Valencia Venezuela 25 F1
Valladolid Spanien 38 E2
Valletta Malta 28 C6, 41 E9
Valparaíso Chile 26 C5
Vancouver Kanada 12 C5
Vancouver-Insel 12 C5
Vänersee 31 B8
Vansee 57 F1
Vantaa Finnland 31 E8
Vanua Levu *Insel* 68 D3
Vanuatu *Land* 68 C3
Varanasi Indien 60 D5
Varna Bulgarien 45 F6
Västerås Schweden 31 C8
Vatikanstadt *Land* 28 C5, 40 D5
Vatnajökull *Gletscher* 30 F2
Vättersee 31 C8
Venedig Italien 40 D3
Venezuela *Land* 22 B1, 25 F1
Vereinigte Arabische Emirate *Land* 52 B4, 57 H4
Vereinigte Staaten von Amerika *Land* 10 B4, 14–17
Vermont *US-Bundesstaat* 16 E4
Verona Italien 40 C3
Versailles Frankreich 37 F2
Vesterålen *Inseln* 28 D1, 30 C4
Vesuv *Vulkan* 41 E6
Vicenza Italien 40 D3
Victoria *Bundesstaat* Australien 71 H6
Victoria *Fluss* 71 F1
Victoria Kanada 12 C5
Victoria Seychellen 50 F3
Victoriafälle *Wasserfall* 51 C8
Victoria-Insel 12 E2, 73 oben A2
Victoriasee 50 D5
Vienne *Fluss* 37 F4
Vientiane Laos 52 D5, 62 D2
Vietnam *Land* 52 D5, 62 E3
Vignemale *Berg* 36 E6
Vigo Spanien 38 C2
Vilnius *siehe* Wilna
Vinsonmassiv *Berg* 73 unten B3
Virginia *US-Bundesstaat* 17 D6
Visakhapatnam Indien 61 D7
Viti Levu *Insel* 68 D3
Vitoria Spanien 39 G1
Vjose *Fluss* 45 C8
Vogesen *Gebirge* 37 H3
Voltastausee 48 E4

W

Waag *Fluss* 42 D5
Waal *Fluss* 35 B6
Waiau *Fluss* 72 B6
Waigeo *Insel* 63 I5
Waikato *Fluss* 72 D2
Wakatipusee 72 B5
Wake-Insel *(zu USA)* 68 C1
Waldenburg (Walbrzych) Polen 42 D4
Wales *Landesteil von Großbritannien* 33 D8
Wallis u. Futuna *(zu Frankreich)* 68 D3
Walliser Alpen *Gebirge* 40 B2
Wanakasee 72 B5
Wanganui *Fluss* 72 D3
Warrego *Fluss, nur zeitweilig Wasser führend* 71 H4
Warschau Polen 28 D3, 42 E4
Warthe *Fluss* 42 D3
Washington *US-Bundesstaat* 14 D1
Washington D.C. District of Columbia, USA 10 D4, 17 D6
Waterford Irland 33 B8
Wattenmeer 34 B5
Watzmann *Berg* 35 F10
Weddellmeer 73 unten B2
Weichsel *Fluss* 42 D3
Weißer Nil *Fluss* 49 H4
Weißes Meer 55 D2, 73 oben E5
Weißrussland *Land* 28 D3, 42 F3
Wellington Neuseeland 68 D5, 72 D4
Werchojansker Gebirge 55 H3
Werra *Fluss* 35 D8
Weser *Fluss* 35 D6
West Virginia *US-Bundesstaat* 17 C6
Western Australia *Bundesstaat* Australien 70 D3
Westfriesische Inseln 34 B5
Westghats *Gebirge* 61 B7
Westindische Inseln 20 E2
Westliche Sierra Madre *Gebirge* 18 C2
Westsibirisches Tiefland 54 E3
Wexford Irland 33 C8
Wheeler Peak *Berg* 15 G4
Whitehorse Kanada 12 C3, 73 oben A1
Wichita Kansas, USA 15 H4
Wick Schottland 32 D4
Wicklow Mountains *Gebirge* 33 C8
Wien Österreich 28 C4, 40 F1
Wiesbaden Deutschland 35 C8
Wight *Insel* 33 E9
Wildspitze *Berg* 40 C2
Wiljui *Fluss* 55 H3
Willemstad Niederländische Antillen 21 G6
Wilna Litauen 28 D3, 43 F3
Windhuk Namibia 46 C6, 51 B8
Winnipeg Kanada 13 F6
Winnipegosissee 13 F5
Winnipegsee 13 F5
Winterthur Schweiz 40 B1
Wisconsin *US-Bundesstaat* 16 A4
Witebsk Weißrussland 43 G2
Witim *Fluss* 55 H4
Wladiwostok Russland 55 I5
Wolf *Vulkan* 24 D5
Wolga *Fluss* 54 C4
Wolgograd Russland 54 C4
Wollastonsee 13 F4
Wollongong Australien 71 I5
Worcester Großbritannien 33 D8
Workuta Russland 73 oben E4
Wrangel-Insel 53 G2, 55 I1, 73 oben C1
Wroclaw *siehe* Breslau
Wuhan China 65 H5
Wuppertal Deutschland 35 C7
Würzburg Deutschland 35 D8
Wyndham Australien 70 E1
Wyoming *US-Bundesstaat* 15 F2

XYZ

Xi'an China 65 H4
Xingu *Fluss* 25 H3
Xining China 65 F4
Xixabangma *Berg* 64 D5
Yamaguchi Japan 66 E5
Yamoussoukro Côte d'Ivoire 46 B3, 48 D4
Yangon *siehe* Rangun
Yaqui *Fluss* 18 C2
Yellowknife Kanada 12 E3
Yellowstone *Fluss* 15 G2
Yokohama Japan 67 H5
Yonne *Fluss* 37 G2
York Großbritannien 33 E7
Yukon *Fluss* 12 C3
Yukon Territory *Provinz* Kanada 12 C3
Zagreb Kroatien 28 C4, 44 A5
Zagrosgebirge 57 H3
Zahedan Iran 57 J3
Zakynthos *Insel* 45 C9
Zamboanga Philippinen 63 G4
Zaragoza Spanien 39 H2
Zaria Nigeria 49 F4
Zeebrugge Belgien 35 A7
Zentralafrikanische Republik *Land* 46 C3, 49 G4
Zentralmassiv *Gebirge* 37 G4
Zhengzhou China 65 H4
Zugspitze *Berg* 35 D10, 40 C1
Zürich Schweiz 40 B1
Zürichsee 40 B2
Zwolle Niederlande 35 B6
Zypern *Land* 52 A4, 56 E2

Danksagung

Der Verlag dankt allen Personen und Institutionen, die Abbildungen zur Verfügung stellten. Wir haben alle Anstrengungen unternommen, um die Inhaber der Bildrechte ausfindig zu machen. Für Fehler bitten wir um Entschuldigung und für korrigierende Hinweise sind wir dankbar.

Abkürzungen: *u* = unten, *m* = Mitte, *l* = links, *r* = rechts, *o* = oben

2*or* George H. H. Huey/Corbis; 2*ur* Getty Images; 3*ol* Robin Smith/Getty Images; 3*or* Frans Lemmens/Getty Images; 3*ul* Torleif Svensson/Corbis; 3*mr* Australian Picture Library/Corbis; 4*ul* Alison Wright/Corbis; 4*uml* Randy Wells/Corbis; 4*umr* Galen Rowell/Corbis; 4*ur* Bob Krist/Corbis; 4–5*om* ImageState/Alamy; 5*ul* Getty Images; 11*ol* Nathan Benn/Corbis; 11*ol* Darwin Wiggett/Corbis; 11*ur* Brooke Slezak/Getty Images; 13 David Stoecklein/Corbis; 16 Joseph Sohm; Visions of America/Corbis; 19 Danny Lehman/Corbis; 21 Don Herbert/Getty Images; 23*ol* Will & Deni McIntyre/Getty Images; 23*ul* Jerry Alexander/Getty Images; 23*ur* Travel Pix/Getty Images; 24*ul* Getty Images; 27 Hubert Stadler/Corbis; 28–29*um* John Lamb/Getty Images; 28*ur* Connie Coleman/Getty Images; 31 Dallas and John Heaton/Corbis; 32 Getty Images; 34 Doug Armand/Getty Images; 37 Getty Images; 39 Buddy Mays/Corbis; 41 Peter Adams/Getty Images; 43 ML Sinibaldi/Corbis; 44 Michael Freeman/Corbis; 46–47*om* Wolfgang Kaehler/Corbis; 47*ol* Tibor Bognár/Corbis; 47*ur* Angelo Cavalli/Getty Images; 48 Nik Wheeler/Corbis; 50 Torleif Svensson/Corbis; 53*ul* Craig Lovell/Corbis; 53*ur* Peter Adams/Getty Images; 55 Wolfgang Kaehler/Corbis; 56 Fergus O'Brien/Getty Images; 58 Robert Harding Picture Library Ltd/Alamy; 60 Frans Lemmens/Getty Images; 62 Jochem D. Wijnands; 64 Getty Images; 67 Frank Leather; Eye Ubiquitous/Corbis; 68–69*u* Peter Adams/Getty Images; 69*ur* Nicholas DeVore/Getty Images; 70 Australian Picture Library/Corbis; 74 V.C.L./Getty Images; *Umschlagrückseite ur* Travel Pix/Getty Images.